Elisabeth Schöffl-Pöll

Wea narrisch - Weanarisch
Weinviertel im Dreivierteltakt

Die Mundart von Elisabeth Schöffl-Pöll ist
eine Mischung aus Waldviertler (ua),
Weinviertler (ui) und Wiener Mundart.

Wea narrisch - Weanarisch
Weinviertel im Dreivierteltakt

Mundart
in
individueller Schreibweise
von
Elisabeth Schöffl-Pöll

Edition Dichtermühle

1. Auflage 2011

Copyright by Edition Dichtermühle
E & O Schöffl, 2020 Hollabrunn, Waldweg 37
e-mail: schoeffl.dichtermuehle@aon.at

Satz, Layout, Fotos: Otto J. Schöffl
Graphiken: Wolfgang Rieder
Alle Rechte, auch die des auszugsweisen Abdrucks
oder der Reproduktion, vorbehalten

Herstellung und Verlag:
Books on Demand GmbH, Norderstedt
ISBN 978-3-8423-7316-7

Inhaltsverzeichnis

Beim Dialekt fängt die
gesprochene Sprache an.
JOHANN WOLFGANG VON GOETHE

Jede Region liebt ihren Dialekt, sei er doch
eigentlich das Element, in welchem
diese Seele ihren Atem schöpfe!
JOHANN WOLFGANG VON GOETHE

Eine Sprache ist ein Dialekt
mit einer Armee und einer Marine.
MAX WEINREICH

Ein gutes Wort aus dem Mund
wischt den Staub vom Herzen.
CHRISTOPH LEHMANN

Goethe und Stoitzendorf

Als Dame von Welt verleugnet Elisabeth Schöffl-Pöll nicht ihre Herkunft aus dem Weinviertler Dorf - und auch nicht die Sprache der Heimat – das Gegenteil ist der Fall. Sie vergrößert vielmehr mit ihrer Kunst das Dorf zur Welt und trägt die Welt in das Dorf, aus dem sie kommt. In ihrer Lyrik setzt Elisabeth Schöffl-Pöll das Jetzt auf das Archaische ihrer Heimat und erhebt das Urgesteinsplateau, an dem sich einstens die Alpen mächtig aufstauten, zum geistigen Schild der Gegenwart. Elisabeth Schöffl-Pöll beflügelt mit ihren Aussagen das Selbstverständliche zum

Bewusstseinsflug des Lebens, in dem sich das Lächeln widerspiegelt, denn sie hat in ihrem Vortrag Kraft der Erde und Anmut des Himmels. Ihre Sprache ist eine Mischung aus Goethe und Stoitzendorf*.

Commendatore Professor Mag. Art Ernst Degasperi

* Stoitzendorf am Manhartsberg ist der Geburtsort der Autorin

Kult- und Kraftplatz Fehhaube bei Stoitzendorf

Das Gedicht

In WIEN, do hob ih a Gedicht rezitiert,
die Leit hobns zerlegt gleih, sprich „analysiert".
Haums umdraht und einteult, verglichen voll Loben
und sofurt in die Schublod ins Norrenkast'l gschoben.
Ih wor in eahrn Augn ein „früherer Kant"
und aundere haum drinnen den Handke erkaunnt.
An Bernhard haums ausserg'hört, ehrlich wohr!
Und d' Nöstlinger wor ih vom Weinviertel gor!
Auf jedn Foll, 's wor unschwer zum Gspürn -
Die WIENER, die hörn a Gedicht MIT'N HIRN!

Im WALDVIERTEL wolltens Gedichtln ah hörn,
doh haums recht bold aungfongt zum Rean und zum
Plärrn. Wia ih die verlorene Heimat beschreib',
do zittern die Ältern gor am gonzen Leib.
Sie haums demonstriert in eahn seelischen Schmerz -
Die WALDVIERTLER hörn a Gedicht MIT'N HERZ!

Im WEINVIERTEL hob ich Gedichta aufg'sogt.
Es hot jeder zuaghört, hot kaner wos gsogt.
Ih hob draufhin gfrogt, hot enk d' Lesung net taugt?
Und laungsom hob ih 's eahna aussag'saugt:
„Waunns g'reimt war" haums umanaunda druckt.
„Waunns in Mundort war" haums daunn aussagspuckt.
„Und wonn ma dazua ah noh locha kunnt,
war d' Weinviertler Wölt für uns kugelrund."
Ich hob ma denkt gaunz gham in da Stüll' -
Die WEINVIERTLER hörn a Gedicht MIT'N GFÜHL.

In memoriam H.C. Artmann

H.C., a geh, do legst dih nieda? (!)
In Simmring draussn am Zenträu(l)?
Do sehng ma uns jetzt recht oft wieda
waunn ih zwischen die Gräber kräu(l).

Dein Wunsch, den haums da net erfüllt -
dö Aschen net in Wind verstraht.
Doh haums dih net ins Sackl ghüllt.
Und gach in d' Erdn obidraht.

Obn geigen dir schon d' Engerln auf
und tuan da 's Halleluhja singan.
Daweul stelln s' unt an Grobsta(n) auf
und tan da Kränz und Blumen bringan.

Doch dih do oben losst des kolt,
drahst dih zur Erd net amol um.
Denkst da, jetzt ghererts holt schon bold
dass ih in Dichterhimmel kumm.

Saust durch den Tunnel hin zan Liacht -
so dass sölbst dih dös schreckt.
Und wia dih so da Herrgott siacht -
ER lochert d'Orm entgegen streckt.

*Als eine seiner Studentinnen in der „Schule für Dichtung in Wien
und Frankfurt" ist ESP im Buch „H.C. Artmann – Arbeiten mit
meinen Studenten" mit Texten aufgenommen worden.
Heute schreibt ESP auf der Schreibmaschine von H.C. Artmann,
Marke „Underwood", ihre ganz besondere Lyrik.*

Da Tram

Ih hob unlängst tramt – und des leicht ma ah ein –
mir werdn a Mol net z' Fuaß in Himmel eingehn.
Mir werdn a net fohrn mit an goldenen Wogn.
Es wird uns net d' Sänften in Himmel 'nauftrogn.

Mia werdn a net schwebn on an silbernen Seil
und ah net an Berg erklimmen gaunz steil.
Mir werdn ah net gschoss'n werdn zu die Stern,
schon gor net einreit'n wia d'noblichen Herrn.

Wos ih heit Nocht tramt hob, is vo da aunderen Ort:
Der Abschied vom Leb'n follt ja kan von uns hort.
Es haum jo die Meisten bis aufi scho gnua
und springen gaunz gern in die offene Grua:

Durt wort' scho da Herrgott mit leichtande Aug'n,
sogt freindlih zu mir: Mit dir mecht's ma taug'n!
Er faungt mih mit d'Arm auf, ih häng mih gleih ein,
so steign ma gemeinsam in Aufzug daunn ein.

Kam, dass mei verblichenes Augenliacht siacht
den Aufzugknopf, saus ma scho aufi zum Liacht.
So wunderschön worm und so höll und so schön
und so weit, hob ich tramt, wird's in Himmel obn sein.

Beim Würstelstand

Am Abend geht da g'stresste Vater
mit der Mama noh ins Theater.
Weil sie eahm urndlich drangsaliert,
hat er am End kapituliert.

Wie sie so gehn zu dem Theater
da irrt ein Würschtelstaund den Vater.
A Käsekrainer vor dem Drama,
denkt er, kennt doh net störn die Mama?

„A Käsekrainer mit an Schorfen!!!"
Des wird jo ah net mehrn mein Roafen,
den wos ih um an Bauch gebunden.
Am gmiatlichsten san holt die Runden!

Der Mama is des gor net recht,
dass er im Smoking essen mecht,
bevor die Vorstellung aunfaungt.
Do hot der Vater schon zuaglaungt.

Er beisst schon eini in die Wurscht,
a Dosen Bier dazua fian Durscht.
Die Mama schaumhaft d' Händ zsaumm haut:
Iss urndlich, Papa – olles schaut!

Potz dih net aun! Um Himmels Wüleln!
Den Smoking, d' Schuach - und ah die Brüllen!!!
Derweil s' halt gar so lamentiert,
is des Malheur ah schon passiert:

Da Vater beißt zum dritten Mal –
do mocht die Haut an leisen Knall,
da hasse Kas spritzt umanaund
auf d' Schuach, auf d' Brüllen und ah aufs Gwaund.

Da Vater is gaunz deschparad.
Die Mama steht vor Schreck jetzt stad.
„Geh, Kruzi Näuln, so Narretein:
Jetzt schau ih aus als wia a Schwein!"

„Und aunpatzt host dih ah, o Mein",
mischt sih a Aungsoffene drein.
Net, dass es glaungert mit'n Schoden:
Sie wolln sih in dein Load noh boden!

Die Zwoa steht jetzt betropezt do.
Die Mama wischt, wos geht, noh o.
Doch hat sich wenigst gspart der Vater
den Gaung zum Drama ins Theater.

Matrojschka-Puppe

Ich bin eine Mutter,
die hot ghobt drei Kinder:
Den Maxi, den Moritz,
den Michel dahinter.

Der Maxi liabt Drogen,
der Moritz nur Buam.
Der Michel is leider
an Aids bereits gsturbn.

Ih bin eine Mutter,
die hot liabe Kinder
Den Maxi, den Moritz,
den Michel dahinter

Der Maxi is super,
der Moritz ist 's a!
Da Michel dahinter
is super! No na!

Himmelfahrtsgedanken

Hörts, meine Herrn, ih stirb so gern,
kennt frei gleih narrisch werdn.
Mir is im Leben oft recht zum Rearn:
Ih stirb holt gar so gern.

Wüll olt und kronk erscht gor net werdn,
kaunn gor net gnua von Drentn hern,
vernimm die Stimmen in der Fern.
Ih stirb holt gar so gern.

Ich mecht dös Göld jetzt nimmer mehrn,
will gor neamd auf da Wölt mehr ghern.
als anzich unserm liabn Herrn:
Ih stirb holt sakkrisch gern.

Ih hob vo an Offn tramt

Unlängst, do hob ich vo an Offn tramt. Der Tram losst mih iatzt nimma mehr los. Ollaweul vafoigt mih des Viech bis in Tram eini. Jo, waunns wenigstns an normala Off gwest warert!. Na, a nockata Off hat mih vafoign miassn. Dös muass ich enk genauer dazöhln: Ih geh gmiatlih im Dorf a Runde, da steht auf amoi a Off, nau ungefähr zehn Meter rechts, vor mir. A Off, riesich groß, es muaß a Gorilla oder sowos Ähnlichs gwest sein, der wos sih grod häuten tuat. Er zoigt sih vor mir sei Fell owa, grod a so, ois wia ma an Hosn auszoigt oder an Lamperl die Haut übern Schädel zoigt. Ausgschaut hots, ois tatat da Off sih sein Overall auszoign. Zerscht a Moil hots a sih recht witzig ausgnomma, so laung, bis der nockate Off auf mih zuagaungan is, aufrecht, vasteht sih, ois wia a Mensch, mit an lochadn Gsicht, ois wollt a mih pflanzen. Da hob ich natürlih Schiss kriagt und mih flüchten wölln ins nächst beste Haus. Dös wor zufällig des vo da Mary. Es hot zwor gaunz aundarscht ausgschaut in Tram - die Mary hot jo an Holzzaun, do wor ober a Glanda aus Alustangln. Owa ich hob gwußt, dass dös dös Haus vo da Mary ist. Ih - auffi iwa d' Stiagn, ih wor recht froh, dass des Glanda recht locker g'strickt wor und ih in Notfoll durchkräuln hätt kenna. Ich scheppar bei der Türschnalln, noh typisch: Wer is net daham? Natirlich die Mary! Eh gaunz klar: Waunn ma wos braucht von ihr, is sie net daham. Wiari wieder owi stürz üwa die Stiagn, is da Off Gott sei Donk schon weg. Ich siach noh sein hehnischen Blick, der hot mih voll in die Zaunga kriagt in de poor Minuten, wo ma sih begegn't san.

Owa iatzt faungts jo erscht aun, die Gschicht. Ich hob den Tram natirlich herum erzöhlt, no na! Am Staummtisch is 's jo noh hormlos gwest. Do hobns gmoant, der Tram hot an Realitätsbezug, weul im Weinviertel is des net söltn, dass ma vo an Offn tramt. Ich wer holt mit an Offn am Vortag ins Bett gaungan sein oder irgend wer hätt ma an Offn auf- bundn ghobt oder es Weib war mit an Offn hoam- kemma, wos itzt a schon öfter vurkumt. „Eini is er aufrecht gschrittn, aussa auf an Offn gritten" haßts jo in an Kellerspruch. De haum sih 'leicht gmocht. Ich bin natürlich in mih gaungan, owa weder, dass ich an Offn ghobt hob, noh dass ana mir aufbundn worn wa- rert.. Und es Weib is Antialkoholikerin. Olso hob ich diese Auslegung streichn kenna. Owa weul mia der Tram nicht und nicht aus da Birn gaungan is, hob ich eahm da Nochbarin dazöht, ana rechtn Trotschn. Dös wor a Kardinalföhla. Sie hotn gleich überoll austrum- melt, kaun man sih eh denkn. Und ih wor vo dera Zeit aun des Glachter aller. So an Tram kaunn ma brauchn in ana Ortschoft, wo eh nix los is es gaunze Johr, waunn net ana heirat' oder stirbt. Haubn s net un- längst bei der Jager-Leich olle gsogt am Schluss, „Hoffentlich stirbt bold wieder a Jaga", so gmiatlih is 's gwesn. Gor nimma ham gehn hobns wolln, de Jaga- leit in eahnere Kultgwandln, und san natürlich in an Kölla voll vasumpft an dem Tog. Sie haum nix ver- samt, weul an an Datum, wo a Leich is, wird sowieso nix g'orbat in Ort. Und die Weiwa worn a froh, dass 's in Ruhe orwatn haum kenna, weul koana an Dreck in die Stubn trogt u nd koana wos vo eahna wüll.

„Wenigstens zreißns koa Leintiachl net, de Maunna-
leit", haum sa sih tröst'.
Owa weiter: De Nochbarin is ja a oilte Hex mit ihre
Kräuteln und Safterln, grod da Besn fehlt ihr noh. Sie
hot a poor Spricherln und a Kreizzeichn iwa mih los-
lossn und is gleich zu ihre Trambiachln schaun gaunga.
Im großen arabisch-ägiptischen Trambiachl hats aus-
saglesn, dass an Offn sehgn, an Offn auf an Bam
kräuln sehgn, an Offn sekkiern, an Offn daschlogn
und von an Offn bissn werdn, wos aunders bedeuten
mecht. No, bissn bin ih jo net wordn, des hob ih noh
vahindern kinna mitn Munterwerdn. Und daschlogn,
so weit hat mih da Tram gor net kumma lossn. Waun
aber Hosn auszoign spüln is, daunn hob ich eahm
spüln gsegn. Des hoassert in Trambiachl, dass ih 's
mit lächerliche Leit zum Toan hob. No na, in da Ort-
schoft gibt's vül lächerliche Maunnaleit und Weiwa-
leit. Do hätt ich net danebn tramt. Und an Offn
sehgn, des wos ih jo in Tram hob, bedeutat, dass ich
von an Einiraunzer betrogen werdn soll.
Nau dankschön. Do kaunn ih mih auf wos gfosst
mochn! Owa worten S', sogt die Nochbarin. Do hob
ich jo noh a poor aundare Trambiachln. Eines mit
ägyptisch-indischer-persischer-türkischer Auslegung,
da werdn ma iatzt a noh nochschaun. Vielleicht kumm
ma do näher hin mitanaunder. Do steht genauso,
waun ma an Offn siacht, wird ma von Feinden hinter-
gaungen. Dös deckt sih mit da arabisch-ägyptischen
Auslegung voll und gaunz. An Offn taunzn sehn zoa-
gat von Glick in der Liebe und van Heiraten. Leider
bin ich dafia zu fruah munter gwordn. An Offn pflan-
zen hätt bedeit, dass ich wen beleidigt hätt. Ober er

hot mih pflanzt und net ich eahm. Gült des ah? Zan Pflanzn bin ich in den Moment net aufglegt gwsen. Schod, sunst kunntat ih iatzt auns Heiratn denka, aun a zweite Frau vielleicht. An Offn daschlogn hätt bedeit, dass ih an bösn Feind hoamdrah. An Offn krotzn sehn hätt bedeit, dass ich a Häusl kaufn solltert. Von an Offn bissn werdn, Gott bewohr, hätt bedeit, dass ih a schware Kraunkheit ausbrüatert. Es sechts, gscheit bin ih net wordn aus die Trambiachln. Ich hob ma 's owa ausglicha und untern Kopfpolster glegt und mir denkt in da Gham, vielleicht tram ih den Tram weiter, weil interessiert hätts mih schon, wias weiter gaungan war.

Wiari zan Greißla kim, den wos Gott sei Donk noh gibt in Ort, steht durt a Zuigroaste, dera wos ich den Tram beim Wortn aufs Zohln dazöhl. Sie schlogt die Händ zsaum und begleit' mih gleih hoamzui, wobei s' ununtabrocha wia aufdraht redt. Sie is a Single und hot sowieso schon länger a Aug auf mih gworfn. *Des is jo a weit vabreits Symbol-Tier,* moant sie. *Beweglich, hinterlistih, owa a aunlassig, geil,* wia sie des nennt. *Da Off warert a a Symbol der Weisheit,* moant sie, noh von dem hob ich jedenfolls noh nix gmerkt. *Haben S' noh nix ghert von die drei Offn vom Heiligen Stall in Nikko, von denen sih da oane die Augn, der aundere die Ohrwaschln und der dritte des Mäul zuaholt, olso die stumm, taub und blind dargstellt wordn san?* Sogt die Zuigroaste, de wos mit mir geht. Recht zuwa ruckts ma dabei. *Dös worn jo Boten, die wos den Göttern über die Menschen berichtn sollten.* Offn ols Götterboten, denk ich mir. Weit haumas brocht. Hot owa mit mir und mein Tram nix zum tuan. Sie dazöhlt weiter, obwohl ih scho laung auf Durchzug gscholt hob, wia ih des bei meiner Oltn schon laung praktizier. Ih hör wos vo an erigierten Phallus und aner Mondscheibn aufn Offnschädel. So soll da Off den Mondgott Thot dargstöllt haum. Da Off is a der Schutzpatron vo die Schreiber und Gelehrten. No, ka Wunder, dass ma beim Bittgaung vom Dorf in die Földer aussi net aun an Offn denkt, weul wir haum jo do kane Schreiber und scho gor koane Gelehrten im Ort. Die Zuigroaste plappert und plappert ununterbrochn nebn mir. Bei dera Stimm kaun ma die Ohrwaschln wirklih net so weit owakloppn, ohne dass wos durchsickert. Sie dazöhlt von an Spiagl in der Haund, mit dem wos ma den Offn vabindt, er soll den Leitn eahnere Schaundtatn vor Augn fiahrn. No ja, de Christlichn haum ollaweul schon gwusst, wia ma die Leit bei da Staunga holt. Bis jetzt. Jetzt gelingt eahna des nimma, weul die Jungen tuan, wos sie wölln, aber nimmer dös, wos die Kirchen wüll. Sie dazöhlt ma von da Ähnlichkeit mit'n Menschen. Nix Neiches. Des hätt ich ohne ihra a gwusst. Geiz, Wollust und Eitelkeit warerten die Eigenschaften, die wos da Off ausrottn solltet und de wos da Kircha net gfolln. Und letzt kummts noh besser: Sie kummt auf die „Psychoanalysen" z' reden. Obwohl ih jetzt a Mol ghört hob, „die *Psychoanalyse ist die Krankheit, für deren Heilung sie sich hält.*" A guata Spruch, überhaupt am Laund, wo de Leit liawa kraunk san, ois dass sa sie aunschaun taterten. Weul waunst a Psycherl bist, wirst ausgstessn. Bist owa kraunk, bist wichtig. Da Off stellt olso den Teufel dar, den ma überwinden solltaten. Waun owa ollas so teiflisch guat und schen is auf dera Wölt! Ich tua liaber Teufeln ols Engeln! Gaubts mar dös!

Und iatzt, mia san schon fost vor mein Haus, dazöhlts ma die Hex noh, dass da Off im Chinesischen dem Schützen entspricht. Ich beicht ihr natürlich net, dass ih a Schütze im Sternbüld bin. Ich warat froh, waunn ih sie endlih los kriagat. Aber wia?, sinnier ich hin und her. Die Zuagraste bleibt steht und kimmt mehr und mehr in Fohrt. *Haben Sie vielleicht „Der nackte Affe" von Morris gelesen? Des Biachl vawandelt Ihnen von Grund auf. Sie sehn olles mit aundern Augen: die Nochbarn, die Freind, die Frau, die Kinder!*...Nau, des warert vielleicht net schlecht. *„Der Verhaltensforscher meint, dass der Mensch noch immer ein Affe ist, aber der Einzige unter insgesamt 193 Arten, der nackt ist und in vielem so ganz anders als die übrigen, dessen Verhalten nur zu erklären ist aus seiner Herkunft von früchtesammelnden Affen des Urwalds und beuteja-genden Raubaffen der Steppe. In unserem Sexuellen und in unseren Aggressionen weist das Buch das Wir-ken der Verhaltensweisen unserer uralten Ahnen nach. Und doch ist es ganz durchdrungen von....*Ih hör schon laung nimmer hin. Aber sie brabbelt weiter: *Oder kennen Sie „Auf die Bäume ihr Affen" von Pesta-lozzi?* Wauns a bisserl a Menschenkenntnis hätt, ta-terts net solchene Frogen stölln. Ih hob net a Mol a Biachl daham. Nur Fachzeitschriften und die Stadt Gottes. *Kennan Sie den Spruch von Kästner aus dem Gang zwischen den Stühlen,* sabbert sie weiter *„So haben sie mit dem Kopf und dem Mund den Fort-schritt der Menschen geschaffen...Bei Lichte betrach-tet, sind sie im Grund noch immer die alten Affen"*

Iatzt miass ma olle zwa lochn. Jetzt faungts es Gallo-
piern aun: *Kennen Sie Clemenceau, nämlich den:*
„Die Menschen sind wie Affen, die Jupiter den Blitz
gestohlen haben." Ich versteht nur Bahnhof. Sie
kimmt durch mein betropezten Gesichtsausdruck in
Fohrt. *„Kein nachahmender Affe sollte der höhere*
Mensch sein", sagt Herder. Und Marc Twain: Gott hat
den Affen erschaffen, weil er vom Menschen ent-
täuscht ist. Ih bin nur von ihr enttäuscht, weil sie
jetzt gar zum Singa aunfaungt. Do hob ich kapituliert
und mia des affige Liad aunhörn miassn mit ihrer
blechernen Stimm: *Auf die Bäume, ihr Affen, der*
Wald wird gefegt, auf die Bäume, ihr Affen - und –
die Ohren angelegt. Ich hatt einen Lehrer, der sprach
so gern und stundenlang vom fernen Afrika, von gro-
ßen wilden Tieren, und m anchmal wurde mir ganz
bang. Er selbst war niemals da. Aber wehe wenn ihn
einer stört, dann rief er „Unerhört!" Auf die Bäume,
ihr Affen...Beim Militär, da hatte ich nen Unteroffizier,
der hatte immer Durst. Er trank an manchem Vormit-
tag schon siebzehn Flaschen Bier, dann war ihm alles
Wurst. Meistens schaltete er dann auf stur und brüllte
durch den Flur: Auf die Bäume, ihr Affen... Im Karne-
val, da war ich mal auf einem großen Ball, der Saal
war bombenvoll. Die Wände waren dekoriert so wie
ein Negerkral. Die Stimmung war ganz toll. Plötzlich
spielten wir alle verrückt und sangen ganz verzückt:
Auf die Bäume, ihr Affen, der Wald wird gefegt. Auf
die Bäume, ihr Affen und die Ohren angelegt.
Sie singt und singt mir ins Trummelfell eini. Ih gspiar,
sih hot a Aug auf mih. Ih woaß schon, vo wem ih heit
in da Nocht tram...Gaunz sicher net von an Affen.

„Kennen Sie das Märchen von Ludwig Bechstein Die zwei Affen?, säuselts weiter...Ein alter Affe lebte..."
Aber ich hör jetzt schon laung nimmer zua, bis sih endlich an meinem eingschlafenen Gsicht merkt, dass sih unnötig is. Endlih hob ich sie ausgrausigt...
„Wegn dem deppertn auntritschten Offn hob ich den gaunzn laungen Tog vertranscht.
Dafia bin ich hoffentlich a bisserl gscheiter wordn",
denk ih ma in da Gham und freu mih aufs Schlofn-
gehn. Vielleicht tram ih doh den Tram vom Offn heit
weiter, reib ih mir die Händ'...

Weinviertler Leben

Weinviertler Liab – Weinviertler Liad -
Stimmts holt oans aun!

Weinviertler Wein – Weinviertler sein -
Stess mag gleih aun!

Trink ma a Mol, jausn ma -
Setz ma sih zsaumm!

Greaner Veltliner Wein
mit an schön' Nom'!

Bratlfett, Grammelschmolz -
Kost ma a Mol!

Nussbrot und Speck dazui
auf niadn Foll.

Setz ma sih am Weingartraund -
Pock mag gleih aus!

Loahn dih am Traktor aun -
Schottn nutz aus!

Prost a Mol! Trink ma a Mol -
Tan ma sih gfrein!

S' Weinviertler Lebn
muass a Heuriger sein!

Nuss poiss'n

In Siemasiebzgerjohr
A Nussbamerl setzn, die Wurzln guat eintretn
und fest eigoissn

In Zwoaradochzgerjohr
A poar greane Nuss vom Bam owabrocka und
an Nussschnops aunsetz'n

In Siemadochzgerjohr
Die Scholn vo de owagfollan Nuss
mitn Schuachobsotz owatretn, die Nussscholn auf-
tretn und die g'schöltn Kern essn.

In Zworaneinzgerjohr
Die Nuss poissn, zsaummklaubn, aufklopfa, owareibn
und an Nussstrudl bocha.

In Siemaneunzgerjohr
Die Nuss zsaumklaubn, vo da Großmuida auflesen
lossn und aun an Bäcker vakafa

In Zwoahrerjohr
Die Nuss zsaumklaubn und olsa aufglesta onan Pforra
vaschenka

In Siebnerjohr
Die Nuss zsaumklaubn und olsa Gaunza aun de Wea-
na vaschenka

In Zwölferjohr
Die Nuss zsaumklaubn, in Kölla aufhebn bis s' ranzich
wern und aufn Komposthaufa haun

In Siebzehnerjohr
Die Nuss unterm Bam so laung liegnlossn, bis s' d'
Oachkatzerln holn

In Zwoarazwoanzgerjohr
Aundare, die wos vorbeigengan, klaubn d' Nuss
zsaumm

In Siebnerzwoanzgerjohr
Den Nussbam umschneidn
und auf'n Strunk an Gortenzwerg stölln

In Dreißgerjohr
Die Wurzln freimocha, den Wurzelstock ausgrobn
und an dera Stöll a Gros aunbaun.

Mia Bauern im Winter oder
Ghupft wia gsprunga

Mia Bauern haums im Winter wirklih sauschwar. Dö d' Nuss san so büllih, dass sih 'es Auflesn gor nimma auszohlt. Do setz ma sih liaba ins Wirtshaus bei dem Preis fia die Nuss, den wos die Bäcker zohln mechtatn. Do miassast scho Großmuadan haum, die wos da d' Nuss aufschlogerten, noha kunnst da wos vodean. Ober de Großmuadan sitzn unnötich in die Heime umanaund. Oba daunn hättast wieda des Haus volla olde Weiber, dass du selber koan Plotz mehr host und ins Wirtshaus oder in Kölla vartriebn wirst. Mia miassn uns holt entscheidn, ob ma a Göld fia d' Nuss haum wölln und des Haus volla Grossmuadan und mia in Kölla oder in Wirtshaus – oder fia a laare Kassa. Dafia hättat ma nochha dahoam wos zan Möldn.

Do is de Wölt noh in Ordnung

Am Sunnta(g) stott da Mess sitzen de Mauna in die Wirtshäusa umanaunda und tan schnopsen oder palawern. Sie richten de Leit vül mehr aus ois wos dös de Weiberleut tan, weul's jo a net so vül Arbeit haum am Sunntog. Die Weiwaleit haum schon des Gwaund hergricht und des Frühstück gmocht in olla Friah und die Kin(d)er aussagstampert und die Viecher gfiattert. Jo, fias Mittagessen haums a schon vorg'kocht, sunst war sa sih zu Mittag net ausgangen g'nau wegn da Sunntogsmess'. Weil fünf Minuten vor Zwölfe springen de Maunaleit im Wirtshaus auf, ruckan de Sessln zruck, stürzen aussi, nochdem s' an Fünfer auf die Wirtshaus-Tischplottn gschmissn haum und rennan in Sternlauf hoamzui. Weul ums Zwölfeläutn faungens dahoam zum Essen aun. Do läut' SIE mit der Glockn. Und waun do oa Maun a nur a poar Minuten später hoamkamert, des verzeihert eahm sei Olte nia net. Do mocherts an Bretsch und a Gsicht, redert a poor Wochan nix, wos so vül bedeutat wia koa Bett vorwarma und im Bett auf de ondane Seitn drahn. Wochalaung kaunns do trutzn und geizn, waunn er nit pünktlih um Zwölfe beim Tisch sitzt. Weul sie sih so bemüht hat! Lauter Deckerl aufbroat, noh er hätt's net braucht, ober es sand haundgstickte Deckerln mit an Kreizstich, de wos ihr beim Weihnachtsmorkt neamd okaft hot. Was tat sih denn damit? Also broat sihs auf unter de Tölla, wos zur Folge hot, dass er recht aufpassn muiss, sunst zoigts wieda ihr gfiachts Gsicht. Und iatzt trogts oan Gaung noh dem andern auf. Schnitzel miassn dabei sein oder a Bratel am Sunntog. Und a Erdäpfelsolot. Und die Oma mocht alleweil dünste Äpfel dazua. Solot und dünste Äpfel gibt's jedn Tog auf an Bauernhof, sogar zu de Buchteln. Weil die Oma a Orbeit braucht. Und im Winter dürrte Zwetschkn zum Schnitzel, weul die Zwetschken wegmiassn. Und nocha an Germ-Streuselkuchen und an Nusstrudel. Des schmeckt herrlih. Jo, die Wölt is noh in Ordnung auf an richtigen Bauernhof! Wenigstens um Zwölfe z' Mittog. On an Sunntog.

Kellerrenovierung mit Hindernissen

In unserm Ort an olten Köller
wollt ma saniiert haum ohne Föhler.
Der Architekt hot sih den aungschaut
und seinen Augen zerscht net gaunz traut:
Wos die do ghobt haum in dem G'mäuer
hot aungfacht 's Architektenfeuer:

A Orbeit, wia er s' noh net gsehgn hot
mit Mühlstoana am Bodn ungrod.
An Eiskölla, rundum a Rinna.
A Fledermaushotöl fia d' Kin(d)a.
A Quölln und drunter Zieglstoana,
mit Schotter ausgfüllt in die Roana.

A Bampress aus an oachan Holz,
und drüwa baman Tram sih stolz.
Dös Fernsehn hot schon zwoamol draht
und Moler sitzn durt gaunz stad
und tan den Kölla gnau obbüldln.
Im Lehmbodn tan die Vögeln wüldln.

Mia haum durt g'arbeit' wia die Narren,
bis ma bold nervlich ferti(g) waren!
Doh mocht a Hüttn von der EVN,
dass ih den Kölla kam mehr kenn.
Ein Stangel für die Radfohrweg'
nimmt d' Sicht aufn Zehentkölla weg.

Beim Zuwigeh is 's wunderschön,
kaunnst durch a Fliederallee gehn!

Der Nochbar hat grad vor dem Fest
Ratze-putz umgschnittn die Näst'
und zsaummghaut auf an großn Haufen.
Iatzt miassn d' Gäst durchs Glumpert laufen.
In Lehmputz ungeniert graviert
ist der Wasserstaund in an Geviert.

An Mosten mit vier schworze Draht
die hot ma bis zur Mauer zaht.
Dass „offa is", des muass publik werdn
und dass die Heurigen bold aufsperrn.
A hülzern's Taferl solls verkünden,
da Holzpfeul die Idee entzünden.

Da Kölla is verschandelt bold,
die Freud, de wos ma g'hobt, verhollt.
Die Zeil'n solln alle Leit aufrütt'ln:
Teits enk're Köllan net verhüttln!

Pfarrkirtag

Waunn Pfarrkirito(g) is, do gfreit sih olls drauf.
Davor wird fest bocha, und gspendt wird zu Hauf!
Die Tisch werdn daher gschleppt und Tischtiachln ah,
und d' Maunna, die richtn a Gstöll fia die Bar.

Die Fleischhocka bringen a Schnitzlfleisch her,
der Bäcker spend't Brotloab und Bacht noh vül mehr.
Die Gschäftsleit, de geb'n dafia Zuckerln fia d' Kin(d)a
und a fia de Lose: Da gibt 's was zum Gwinna.

Die Arbeit, die mochens jo gratis, die Weiber,
der Chor verlaungt ah nix für d' kirchliche Feier.
Und wer daunn bei Wos nocha einteult werdn wird,
der bind't sih a Schiarzn um, grod wia ein Wirt.

Sie setztn sih wichtig a paar Mal wo zsaumm,
tan streitn, san bissig, bis s' endlih olls haum.
Doh kehr um die Haund sans schon wieder recht guat
und bringan des Gaunze bold unta oan Huat.

Sie mochan Gedaunka sih über die Bsuacha, solln die
net recht spurn, muasst 'en Pforra holt suacha.
Dös ollas, des spült sih am Vorto(g) schon o(b).
Da Kirito(g) is erscht am morign To(g):

San feierlich kampelt und gnadelt und gstimmt,
am Schluss daunn a Niads a gschickts Platzl wo findt.
Du äugelst gaunz ghoam noh die hoamlichn Freind,
sunst laundst eppa gor in da Gschwind' bei de Feind.

Doh steht do, bevor ma recht zuwi noh kimmt

a unsinnigs Trumm, wos viel Plotz weganimmt.
Es is des a Kirchaturm, fein gschnitzt aus an Holz,
den hat unser Pforra daher brocht voll Stolz.

Da muass ma fürs Erschte a Göld einihaun,
weul daunn erscht derfst dih zu die Tisch zuwi traun.
Iatzt sitzt ma schon guat und bestöllt sih gleih wos.
Man muass holt guat hinschaun. Wos is denn leicht
dos?

So dass man net eppa a zweites Mol brennt,
wos gestern noh gwest is in d' eigenen Händ.
Iatzt spüln schon de Dorfmusikanten fein auf!
Auf des folgt natürlih „das Körberl" bold drauf.

Do muasst iatzt schon gebn einen Obulus,
am Pforrkirito(g) is des natürlich a Muss.
Jö, schau, do! Sie kemman scho her mit die Lose!
Ih setz mih, mit'n Buckl vakehrt, schnöll in Pose.

Do haums mih akkrat schon dawischt beim Krawattl,
und ih hob schon zohlt ghobt, bevor i laung wadl.
Ih hob also 's Geld ausn Geldbörsel g'fischt,
derweul hobn de Tischnochbarn weida auftischt.

„A Schätzspiel, des hätt ma noh. Hörts alle her!
Des kost' nur zwoa Euro. Na, wirklih net mehr!
Wer woass denn es Johr noh von Glocknweicha?"
Daweul tans durt hinten schon Brote aufstreicha.

Man muiss gleih wos nehma - und des für an jedn,
dass 's später nix gibt zan schlecht Nochiredn.

Und wieda hoassts nocha: Des Börsel aufmocha,.
dös is hoit da Brauch do: Dagegn kaunnst nix mocha.

Den Aufstrich, den host zwoar du selber herbrocht,
die Turten des Sölbe: Erscht gestern frisch gmocht.
Und iatzt kafst do zsaumm holt dein eiganes Socha.
Des is so der Brauch do. Dagegn kaunnst nix mocha.

Iatzt schaust noh a wengerl zan Flohmarkt hint hin.
Im Standl steht just dei Kollegin grod drin.
Waunst dera nix o'kafst, daunn schaut des bled aus.
Und schon findst dih drinnan im Altbiachlhaus.

Iatzt lodt 's Megaphon von Herrn Pforra in d' Kircha:
Er preist übern grean Klee die neichen Betbiacha.
Weul d' Kircha erscht unlängst jo ausgmoln word'n is',
waunnst die heit net kafast, daunn fühlerst dih mies.

Und weul ah des Pflaster grod aufgrob'n word'n is',
so haums durt an Ritter gor ausgrobn im Kies.
Do hat ma a adeligs Gschlecht aussa gfunden.
Des Aundere, Nähere, wird ma erkunden.

Der Ritter, der muass omtlich obgsichert werdn.
Um d' Ausführung tat sih des Denkmolomt schern.
Do hot doh da Gmoarot erscht unlängst befohln:
Er wird sih vo d' Kirchgeher Spendengöld holn.

Du gehst iatzt beim Opferstock laummfromm vorbei
und denkst an die Schwiegermutter dabei.
Sie is operiert wordn grod erscht im Spital.
Du zündst ihr a Liachtl aun - für jeden Fall.

Du schleichst dih auf Zechan zan Opferstock hint
und bist bold beruhigt, weil s' Liacht so schen brinnt...
Drei Euro valaungan s' fürs Orgel-schön-Spülen.
Man muass neidlos zuagebn: Der tuat sih bemühn!

Beim Lindenbam wollten s' an Heurigen haum,
do setzen sih alle vorm Hoamgehn noh zsaumm.
Do spüln d' Musikanten zum Mitsinga auf.
Ih zier mi net laung, bis ih Aufnahmen kauf.

Und is' 's daunn schon dumper und Kirito(g)nocht,
do hob ih daunn endlich mei Göld olls aunbrocht.
Vorm Hoamzuigehn denk ih: Es is ja gaunz gwiss,
dass 's nächsts Johr am Pforrkirito(g) 's Nämliche is.

Bevor ma daunn schlecht wird, verschwind ih mit 'm Pock...
Do gspiar ih – vül z' spot - iatzt den Igel im Sock.
A paar Zent san überblieben. Des is recht weni':
Die schmeiss ich in hölzernen Kirchaturm eini!

Die Wollfohrt

Die Oma fohrt jedes Johr amol im Mai
in Wollfohrtort. S Liserl ist allweul dabei.
Sie frein sih scho recht vüle Wochen davor
und schloissn sih gern on die onderen Poor.

Sie staunen, wia Wollfohrer wia im Sternlauf
zur Kircha hinpülgern fromm betend zuhauf.
Den Gnadenort kennens und a die Kapölln,
und 's Liserl faungt aun mit'n Gnadenbüldzöhln.

Bold faungt jo die Wollfohrermessfeier aun.
Sie knian sih wia aundere nieder gaunz fromm.
Am Schluss wird a stimmungsvolls Mailiad
aungstimmt.
Für s'Liserl die Mama a Betbiachl nimmt.

Iatzt singens mit Aundocht und tiafer Inbrunst,
bevor sa sih widmen bei d'Standeln der Kunst.
Die Standl stehn dicht nebeneinand vor da Kirchen,
du kaunnst des vermoderte Glumpert weit riachen.

Weul: ,s regnt net. Es tröpfelt nur laungsam, des
Göld.
Kam aner, der wos gor wos Gressers bestöllt!
Do siacht iatzt die Mama a gaunz liabs Aundenken,
Sie mechtert des gern ihrem Liserl daunn schenken.

„Dös is aber schen!. Is des eine Procht!
Wer hot denn des Himmelmuatterl leicht gmocht?
Weuls gor so schen leucht und gor so schen glonzt.

Und auf oaner Seiten is' kunstvoll ausgfronst!

A so a liabs Himmelmutterl! ...Sölten noh gsegn!
Es is nur gaunz winzig - und trotzdem sooo schön!
Wos kost' denn des wirklich gaunz liabe Geschenk?
Wird teuer net sein, so wia ich mirs denk."

„Drei Hunderter hob ich mir vorgstellt dafier.
Da Künstler ist aungsehn. Er is net von hier!
Is a günstiger Preis, is net zu vül verlaungt,
Die Vorgänger haben sih für DEN Preis bedankt."

„Wos, dreihundert Euro wolln Sie für den Dreck?
Sperrn'S gaunz g'schwind des unschöne Aundenken
weg!
Sovül gib ich net aus für so an Heandreck.
Do geh ih z'Fleiß umi auf ‚s aundere Eck.

In Brunn scheint ollaweul die Sunn

In Obersiebenbrunn und Untersiebenbrunn
In Oberstinkenbrunn und Unterstinkenbrunn
In Obersteinabrunn und Untersteinabrunn
In Niederhollabrunn und Engelmannsbrunn
    Do scheint den gaunzn Tog die Sunn
In Brunn am Gebirge, in Brunn an der Wild
In Pölfing-Brunn und Mariabrunn
In Brunn am Walde und Brunn am Felde
    Do scheint die gaunze Wocha d' Sunn
In Breitenbrunn und Lindabrunn
In Manhartsbrunn und Ebersbrunn
In Gutenbrunn und Suttenbrunn
In Karnabrunn und Kettlasbrunn
In Königsbrunn und Kottingbrunn
In Regelsbrunn und Sauerbrunn
In Eibesbrunn und Engabrunn
In Radlbrunn und Hollabrunn
In Feuersbrunn und Fieberbrunn
In Röhrabrunn, in Eibesbrunn
Aber ah in Süßenbrunn
    Do scheint des gaunze Johr die Sunn
In Ernstbrunn und Gainbrunn
In Hausbrunn und Heilbrunn
In Poysbrunn und Steinbrunn
In Schönborn und Schönbrunn
In Brunnhöf und Kollnbrunn
    Do scheint die gaunze Zeit die Sunn

Ober: Regnen kaunns ah üweroll!!!

Der Olterstest

Da olte Bauer sitzt beim Heurign mit ana jungen Dirn: "So schätz a Mol, wia olt ih bin. Ih bin noh frisch im Hirn.

"No, ochzig moan ih bist du scho", sogt do die junge Lady"

„Ah geh", sogt do da olte Baur, „du bis ma gor net gnädi." "Du pfauchst und pfugazt scho beim Gehn, koa Hoar über da Stirn, du kaunst kam gehn und losst dih gern von mir im Auto fiahrn."

"Ah geh, so olt? Ih? Laung no net! Wia olt moanst also echt?"

"Ih konn s net schatzn, mog nix sogn. Es war jo eh net recht." So tipp hoilt wos, ih nimms net krumm, so rot holt oamol mehr!" Dös Rotn is ma iatzt schon z' dumm. Ih nimm a Zohl holt her: Bist eppa siebzig Johr erscht olt, dös kunnt vallei schon sei. Weul wann ma dir da Zwerings kimmt, donn lodtst oan gach glei ei. A Krautawachla kunnt dös net. Der sitzat net beim Wie(n). Der loahnat gmiatlih in die Potschn in seiner Stubn beim Ofa.Und wonns a presshofts Leitl war, liegart des gor am Sofa. So bist vallei erscht sechzig Johr? Dös tat mih ober wundern. Gaunz ghoam muass i dei kecke Ort und dein Humor bewundern."

"Ah geh, du rotst noh ollweil folsch. Ih konns jo gor net fossnWoast wos? Bleib über d Nacht bei mir. Ih wer dih einalossn. Bei dera G'leg'nheit moch ma daunn, waunnst willst, den Olterstest:

Olt bin ih - waunn du mih am nächsten Tag ols „Jungfrau" daunn verlässt.

Da gscheite Nochbar

Dem Korl ist des long schon z'bled:
Da No(ch)bar nia in d' Kircha geht.
Drum hot vawundert es eahm gestern,
dass hoamgsuacht hobn eahm Klosterschwestern.

Da Korl loost de gonze Zeit,
wia dö so pletschkern long und breit.
Z'erscht in der Stubn, donn auf da Gossn –
do drängt da Korl auf die Stroßn.

Da No(ch)bar tuat grod d'Schwestern pfiatn
und wünscht, da Herrgott mechts behiatn.
Er loahnt sih zuwi, tuat s' gor tätscheln,
mit gschenkte Strudeln noh verhätscheln.

Da Korl eifert ollweul besser
und Gift und Eifersucht werdn grösser.
Noh endlih steign s' ins Auto ein!
Do mischt da Korl sih gleih drein:

Tuast 's gaunze Johr den Herrgott lästern
und iatzt lodtst goar ein Klosterschwestern?
Da No(ch)bar, der is zerscht verdutzt -
doh gleih drauf er den Korl stutzt:

Woast, Korl, ich moh mir koa Plo(g).
Am Sunnta(g) schlof ih bis z' Mitto(g),
ih meid die Kircha, geh nia beichtn;
koa Liachtl soll zwegn meina leichtn!

Dafia bau ich a niades Johr
den Klosterschwestern an Altor.
Den tua ih ziern mit Fleisch und Fisch
und Wein, dass sie sih boign, die Tisch'.

Dafia vasprechan mia die Netten,
dass s' fia mih ormen Sünder beten...
Da Korl iatzt zwoa Schriatt z'ruckgeht:
GEH NO(CH)BAR, DU BIST GOR NET BLED!!!

's Reserl am Volksfest

Die Mama, noh, die isst recht gern.
„Bist d' z' dick!", des kaunns schon nimmer hern.
Da Vater sogts und ah die Kinder
und pflanzens: „...dicker ols die Rinder!"

Die Reserl, noh a kloane Dirn,
hot solche Flausen net im Hirn.
Dafia derfs ah, aunzogn recht schen,
ins nächste Dorf aufs Volksfest gehn.

Do roasn s' ollas zwoamol o,
und Ringlsgspüla san ah do.
Gonz hinten owa sehngs an Stoll,
Der zoigts sie magisch aun amoil.

Sau san durt ausgstöllt in an Godern.
„Des int'ressierert ah in Vodan",
moant d' Mama zu ihr'm Reserl daunn.
Des Reserl stiert die Sauna aun:

„Schau, Mama, schau!" Geh, Mama, schau!
Du bist net dicker ols die Sau!"
Do kriagt des Reserl a Varkehrte:
„Dö stufan uns gleih ei ols G'scherte,

waunn du mih so beleidign mechtst
und um a zweite Watschen fechst!!!"
„Jo, Mama, so hob ih 's net gmoat.
Beleidign is jo net mei Oart!"

Des tuit ma iatza wirklih load,
murmelts daunn eini in ihr'n Boart.
Ih moch des wieder guat gaunz schlau:
(schreit): „Bist eh du dicker ols de Sau".

Liewa Fransi!

Ih schreib longsom, weil du nur longsom lesn konnst. A so a Glick, weil i mitn Günter unterwegs bin, zerscht von Nenzing nach Venedig mitn Bus und jetzt von Venedig nach Athen mitn Traumschiff und daunn wieder noch Venedig zruck. Sehr teuer, muss ich leider sogn, sehr teuer, die Reise mit dem Kreuzfahrerschiff. AZUA haßts. Und da Günter und i san A-ZUA die meiste Zeit, weil uns die Barmaderln olleweil animiern tuan. Na ja, allaweul bsoffn is a a regelmäßigs Leben! Mir san voll do. Mehr voll ols do. Warum s so teier is? No jo, da Günter hot die Reise jo gwunna. Und do hot er wen braucht, der wos zum normalen Preis mitgfohrn is. Und do hob i holt eingwülligt, weil i hocknstad bin und eh nix versam in Nenzing. Und weil ih momentan ka Flamme hob. Tristan und Isolde halt: „I solde meiner Puppe treu sein, aber des vertrist mih." Ih hob sie auf der Kur kennenglernt. Wir haben Vierzehner-Sex ghobt. Ich hob Sex gmocht und sie hot Acht gebn. Sie war meine Stern-Schnuppe. Auf der Kur war ich ihr Stern, wieder daham, war ich ihr bald schnuppe.
Und weil ich jetzt allan bin, hot da Günter gmant, i sollt mitfohrn und holt olls zohln on da Bar und so weiter, weil a mih mitgnumma hot. Und so hob i die Reise zohlt und die gonzn Barauslogn und hob schon dem Olten hamgschriebn um a Göld, und dass er die Nenzinger schön griaßn lossn soll. Vüle san do von der Landwehr: Do lahnt wer und durt lahnt wer. Oder sie suchen nach an Stuhl. „San ma Innenarchitekt?", sagt ich daunn. Du, da kaun man sih ah elektrisch

zan Norrn holtn, olso mitn Aufzug fohrn!

Bum, des Bacardi-Cola ist teuer an der Bar! Und das Trinkgeld fürs „Trinken auf Rädern" erst, wann wir uns den Champagner nach Mitternocht von den Philippinerinnen mitn Servierwagerln in die Kabine bringen lassen. Oba i sog da, Franzi, dafia hobn ma a Glick bei de Frauen. Ih hob jo fruah angfongt, wiesd vielleicht noh waßt, no jo, so mit siebzehn. Vüle Frauen hab ih ghabt! A Fremdgehn hab ich net kennt, weil ih hab alle Frauen kennt. Wenn ma valiabt is, is halt das Herz weit unten, wias d' waßt. Aber heut erinnert sich keine mehr an mich. Do aufn Traumschiff gfolln uns olle Frauen! Beim Tog tama trama von eahna und in da Nocht sauf ma mit eahna auf meine Kostn. Do holt ma unsere em-bierischen Sitzungen ab. Neulich, gleich am Anfang, do wor a Single-Treffen. Ih und da Günter glei hin ols Erschte. Oba do worn tausend Johr beiananda!!! Ane mit ochtzehn Johr, oba de woar glei vagebn, und donn ob Vierzig bis nimmer erkennbar. Ane war so schiach, dass sie beim Sacher den Kaffee obschrecken hätt können. A andere hat a Gstöll wie a zwa Mal gschwasste Radlpumpn ghobt, wieder a andere a Gsicht wia a Feuermelder. Zum Einhau'n.

Am Tisch sitzn da Günter und ih bei an Lehrer und ana Schriftstellerin, an Stroßenmasta, ana Leiterin von ana Jugendherberge und ana Legaste-nie-kerin. Zu dera legast-dih-nie! Da Lehrer hot unta sein feinen Sackl a Leiberl on: *Es ist verdammt hart, Lehrer zu sein.* Er redet bei Tisch ununterbrochen von der Schul. Aber da scholt ih auf Transit, auf Durchzug, wia ma so schen sogt. No jo, fia mi wars eher schwerer, Schüler zu sein. Aber hockenstadt sein und von

Alten leben is a net grod des Gsündeste. Zerscht hob i eh glaubt, es gibt sogor a Gymnasium do auf 'n Schiff und ih kunnt wos nochholn. Owa wia a mia die Schul anschaun wüll, hobn s ma gsogt, des is a Turn-halle und des Wort Gymnasium ist lateinisch gschriebn. Und noh wos: A Merkwürden ist ah unter den Passagieren. Dös erinnert mih an an Witz: „Was is des Gemeinsame on an Misthaufen und der Bi-schofskonferenz?" ...„Auf an Haufen beisammen, stinkt's zum Himmel – übers Laund verteilt, wird's zum Segen". Is der guat? Apropos...Des Essn is wirklih guat, sog ih da, Franzi. Olleweil a Muska-teller neben dem Teller. Und so viel Gänge! Ih muaß alle-weil dem Günter die Bouteillen zohln. Zuerst hob ich an Cüveewein bestellt, aber „an Kübelwein trink ih net", hat a sih ziert. Da Wein schmeckt sowieso net so guat wia daham in Nenzing. Manches Mal miaß ma klane Fisch mit samt de Gräten und de Köpf essn. Viereckig und größer, so wia s die Mama paniert, schmeckens mir besser. Do graust mir net so viel. Und da Uzo is a Harzwein. Nach dem Essen schauen wir immer nach Hell-sinki, du weißt schon, wenn die Helligkeit sinkt. Scherz. Na, den Sonnuntergang schaun ma natürlich an. Und Fern-sehen tun mir gern-sehen. Und manches Mal, wenn ma am Vortag zu vül trunken hobn, gehen ma früh in die Kabine und spielen auf unseren zwei Instrumenten: Zittern und Trübsal blasen.

Da Günter und ih san olleweil recht fesch gsacklt. Le-derjacken hobn ma uns ah schon kauft. A Lederhand-ler hot uns einizaht ins Gschäft beim Landausflug auf Rhodos. Und hot uns gleich dreißig Prozent nachlassn.

Da muass ma jo zuagreifen! Aber wia ma aussigongan san, hob i bemerkt, dass ih beim Zohln mit die Drachmen die Hunderter mit die Tausender verwechselt hob. I kenn mi holt no net aus mitn fremden Göld. Dafür hob ih jo den Günter. Dem gib ih sunst alleweil mei Göldbörsel zum Zahln. An Schmuck hobn ma ah schon kauft für unsere Freundinnen. I hob zwor derzeit keine Freundin, aber es hobn olle an Schmuck kauft. „Schnell, schnell", hot die Reiseführerin gruafen. „In einer halben Stunde ist Abfahrt." Und dann hats gschrien: „Alles ist so billig!". Da habn ma ebn zuagschlagn. Ih muass wos folsch gmocht hobn, denn für das Schmuckstückl, wo ih umgrechnet 4500 zohlt hob, hobn die anderen nur 450 zohlt. Aber dafia hobn da Günter und ih jetzt schworze Lederjackn on bei der Hitz. Dem Alten hab i a Fax gschickt vom Schiff, weil mirs Geld ausgegangen is. Dafür hob ih 70 Euro zohlt auf der Radiostation. Nochher erscht hobn s ma gsogt, dass die Telefonkarten draussen nur 5 Euro kost hätt. Jo, durch Reisen wird man halt klug, aber nicht reich! Und die Viecherei da! Manches Mal wissen ma net, wos uns mehr Kopfweh mocht: Da Kater oder die Katzen. Gestern san ma aufrecht in die Bar gschritten, ausser is jeder auf an Affen gritten.

Eine Mister-Azur-Wahl war auch, stell dir vor! Do is wieda Obst-Tag. Obst an Platz kriagst. Do tuan ma uns wieda fein sackln. Bei die Shows setzn sich die Show-Damen mit eahnane rosarotn Federnbuschn und kurzn Rockerln öfter auf mein Schoß. Do wurlt da ganze Körper, wonn sie a so a Schotterhenn' zuwahaut.

Ich bin dem Günter dankbor, dass er mih mitgnommen hot, obwohl die andern Passagiere, die wos die Reise net gwunna hobn und a a zweite Person mitgnumma hobn, nur die Hälfte zahln. Aber das viele Essen!. Und als Abschluss noh a Scharfkäse! Na, ja – Käse schließt den Magen, aber net unsere Mägen. Denn die Büffetts um Mitternacht lass ma net aus. Und den Wein. Es hoaßt jo, liawa an Wein lesen ois gor koa Biachl nicht. Wir tuan den Wein net lesen, dafia trinken. Ih hob an oanzigs Biachl glesen als Kind, jedes Johr des gleiche, waun ich kraunk im Bett war - und des woar vom Schlaraffenlond. So muaßt dir des vorstelln da, Fransi! Grod a so wia a Schlaraffenlond!

Oba in Venedig im Hotel, stöll dir vor, do haben wir die Koffer selber schleppn müssn. „Wir sind ein Sporthotel", haben sie sih aussagredt in eahnan schlechten Deutsch und uns die Koffer sölber zahn lossn bis in vierten Stock 'nauf keuchend. Mia hobn erscht nochher erfohrn, dass es eh an Aufzug gebn hätt. Oba do san ma schon wieda obgreist. Da ist die Bedienung auf der AZUR schon nobler. Da kummt EIN Personal auf EINEN Fahrgast.

Die Landausflüge san sehr anstrengend. Mia miassn um Sieben aus den Federn, dann schnell zum Büfett, unsern Brand löschn. Dann miass ma, des haßt, ich muass vül Göld hinlegn, dass ma des Schmetterlingstal ohne Schmetterlinge sehn. Oda die Alexis-Sorbas-Bucht ohne Alexis Sorbas. Und die Sieben Quellen hättns uns a zeigen wolleh, oba mia hobn nur drei Quellen gsehn. Da hobn sih die Aundern natürlich aufgregt. Die Reiseleiter haum sih entschudligt. Dafia hobn ma das nächste Mol daunn recht viel gsehn. Da Günta und i holtn sich bei sowos aussa. Mia hobn net das Mundwerk dazua. Und Griechisch hobn ma net glernt und sunst a ka fremde Sproch nicht. Bis jetzt hot uns Nenzingerisch greicht. Mia verstehn immer nur „Bahnhof".

Amol hobn ma s mit an so an Rentner-Car probiert, da Günter und ih. Da wär uns bald des Dachl davon gflogn. Oba weil da Günter gfohrn is, hob i des Dachl pockn kenna und hobs a daholtn. Do hobn ma auf amol Busse bei an Weinguat stehn gsehn. Da Günter und ih - net feig - und drinn wor ma im Weingut. „Do kannst kostenlos Wein trinken und Weinlikör, soviel du willst, Günter", sog ih, und kipp scho a Glasl noch dem ondern owi. Zum Schluss hobn ma scho aus de Floschn trunka. Donn wor ma gonz schön anduselt. Da habns uns aussighaut, weil man hätt brenna müssn. Die Busse hobn schon im Vorhinein zahlt ghabt. Da hobn ma d Fiass in die Händ gnomma und san grennt und schnell ins Rentner-Car einigsprunga und losgrast mit unserm Schwül auf da holprign Schotterstraßen. Mir haum uns fast nicht heim-traut ins traute-Heim wegen die Polizisten.

A anders Mal is da Günter auf einer Insel abhanden kommen. Der Kapitän hat aber auf ihn gwortet. Schön von ihm. Da Günter hat sih einfach verirrt ghobt und die letzte Fähre versamt.

Trotzdem is es herrlich! Vül schena als vorigs Johr. Denn in Josolo wor i jo-solo. Und jetzt hob ih jo den Günter. Außerdem haben wir auch eine Sauna an Bord – sie ist in Indien, also jenseits des Ganges. Stell dir vor, Franzi: Zwa Weiber, nimma die Jüngsten und recht vabittat, weil ma die ane beim Ausflug in Jerusalem fast verlorn hättn, hobn über uns gsagt, mir zwa san Schwule. Weil ma in ana Kabine schlafen und in an Hotelzimmer im Doppelbett gschlafn habn. „Und wenn ma 's warerten, tat mas net sogn, ", hot da Günta sie aunpfaucht. Und ich hob's pflanzt, die Alten: „Waunns no a Weul so frech seids, kriagts a Zwickerbussl mit der Gurkenzaungen", hab ich droht. Daunn hauma noh recht angeb'n. Dass ma selbstän-dig san, haumma g'sagt. Es stimmt jo. Wir arbeiten selbst - und das ständig.

Die haum uns in Ruah lassen, glaub mir, Fransi.

Des Geld rennt und rennt nur so. Am Swiming-Pool hob i gmant, man muass den Liegestuhl jeden Tag kaufen und hab noh ordentlich Trinkgeld gebn. Da Wärter hot natürlich die Hond fest aufgholtn. Massie-ren san ma a gaungen noch da Sauna. A olts Madl woar do bei da Gonzkörpermassage. Die hot guat umgehn könna mit de aunlassign Maunaleit, sag ih dir, Fransi. A Solzburgerin is s', hot s' gsogt, hot sih für a Joahr verpflichten müssen. Und waunns uns Männern aufgstanden is, donn hot s mit an nossn Woschloppn draufghaut und auf Salzburgerisch alt-klug gsagt: „Nau, was hauma denn da?" Und da kalte nasse Fetzen und ihr Blick habn alle Lust bald wieder eingeschläfert.

So, jetzt mecht ih Schluss mochn, Fransi. Des Schrei-ben war noh nie des Meinige. Jeder braucht einen, der lesen und schreiben kann. Jeder der auf sich et-was haltet, leistet sich einen Burgenländer oder...Jetzt wollt ih etwas Gemeines schreiben. Aber das bringts net.

Alle schreiben. Und da hab ich halt auch gschriebn.
Du kannst den Nenzingern ausrichtn: Saufen macht
Spaß. Halb besoffen is aussigschmissenes Geld. Und
in den entscheidenen Phasen lassen der Günter und
ih net nach.
Schöne Griass -Toni.

PS: Nächstes Jahr fahr ich wieder nach Balkonien
oder Zuhausistan. Weil a Burnhäutel gibt's dooo net!

Mia san international

Dass ma international san,
des beweis ma jeden Tog.
Die Karten san getürkt.
Mir gebens den aunderen krowotisch
und nennen unsere Schulen „Judenschulen".
Mia schimpfen auf die polnische Wirtschaft.
Mia liaben auf Französich und
tanzen lateinamerikanische Tänze.
Mia hörn gern Negermusi.
Vüles kimmt uns spanisch vor.
Sitzen tuan ma hinter schwedischen Gardinen,
in der finnischen Sauna oder
im türkischen Dampfbad.
Wir fahren japanische Autos und
verochten mit deutscher Gründlichkeit
olles, was fremd is.

Die Lippizaner san sowieso slowenisch.
Heiraten tua ma auf Griechisch.
Scheiden loss ma uns auf Italienisch.
Kochen tua ma Böhmisch,
ober des Gulasch auf Ungarisch,
die Pommes und Burger auf amerikanisch.
Mia essen russische Eier und Negerschnitten.
Den Urlaub verbing ma in Thailaund
und nehmen uns von durt gleich a Madel mit.
Entspannan tua man mit Fernostmethoden.
Ober faszieren tuat uns des Russische Rolett!
No, san mia net international?
Gell, jetzt sogst nix mehr!

Maunna o'richten

Waunnst eahm ins Haus kriagst,
muasst du eahm erscht o'richten.

Waunnst eahm schen haum wüllst,
muasst du eahm sölber herrichten.

Waunnst eahm gscheit haum wüllst,
muasst du eahm erscht unterrichten.

Waunn er in die Arbeit muass,
muasst du eahm alles zsaummrichten.

Waunnst mit eahm streiten tuast,
derfst du eahm net arg zuarichten.

Waunn er am Boden ist,
muasst du eahm wieder aufrichten

Waunn er an Streit mit wem hot,
muasst du es noch'er für eahm richten.

Waunnst aber daunn wo hingehst,
muasst du eahm gaunz genau berichten.

Waunn er zum Essen ham kummt,
muasst du eahm zu erscht aunrichten.

Waunnst dein Haus schön haben wüllst,
muasst du es sölber herrichten.

Waunnst a schne Wohnung haben wüllst,
muasst du sie selber einrichten.

Waunn er dir zu laungsaum ist,
muasst du eahm die Wadeln viri richten.

Waunn du eahm am Abend suachst,
find'st du eahm bei die Nachrichten.

Ober bei deine besten Freundinnen
derfst du eahm net ausrichten!

Der Rudi und der Franz

Oana is dick und da Onane dinn
Oana is draußt und da Onani drinn

Oana is holbert da Onane gaunz
Oana hoasst Rudi da Onane Fraunz

Oana is hirter da Onane wach
Oana is kränklich da Onane zach

Oana is friedlich da Onane hort
Oana is ruppich da Onane zort

Oana is sexy da Onane fad
Oana is rederd da Onane stad

Oana is gsprachich da Onane schweigt
Oana singt folsch und da Onane geigt

Oana der hülft und da Onani rauft
Oana trinkt nix und da Onane sauft

Oana geht aufrecht, da Onane hinkt
Oana is pflegt und da Onane stinkt

Oana kaunn taunzen da Onane hatscht
Oana kaunn zuahern der Onane quatscht

Da Oa mocht olls holbard da Oundre bleibt draun -
ABER A HOSEN HOT A NIADS MAUNNSBÜLD AUN!

Im Köller

wo's „stürmt" und „staubt",
do san ma z'Haus
Ober am liabsten z'Haus
San ma im Wirt sein Haus.
Jo, jo, im Wirtshaus, jo,
do san WIR Z'HAUS

Und schließlich doch Wimberger

Darf ich noh amol kumma, Schatzi? Bitte, amol noh!
Nein, bitte, Hasi, jetzt nimmer. Körperliche Liebe is
mit an Waldlauf vergleichbar. Und in der Hochzeits-
nacht und jetzt bei Tag sind mar meiner Meinung
nach schon zu oft in ' Wald gl'aufen.
Bist dir da sicher?
Natürlich. Tun ma lieber kuscheln. Kuscheln is für
Frauen schon fast wie Sex: Küssen..einander um-
schlingen...Po an Bauch...Arm um Schulter...Atem im
Nacken...Haut an Haut. ..
Das kann ih net. Bin viel zu aufgewühlt.
Wirst es schon noh lernen in der lebenslangen G'fan-
genschaft, Hasi.
Kannst mih bitte in Zukunft mit an stärkeren Tier
identifizieren, Schatz? Wenngleich Heimtiere an ge-
wiss'n Schutz genießen... Haustierhalter sind zu ge-
wissen Mindeststandards verpflichtet... Tierquälerei
kann bestraft werden... Ein Auslauf ist für Heimtiere
ebenfalls vorgesehen...Es besteht auch ein Verbot an
Eingriffen, aber trotzdem: Nenn mich bitte nimmer
Hasi!.
Bärli vielleicht?
Wenns unbedingt ein Vierbeiner sein muss, dann oh-
ne li, wenns geht. Ih bin überhaupt nicht gern Einer
auf vier Pfoten. Will kein Schauobjekt sein... bin hof-
fentlich nicht verhaltensgestört...kein Tanzbär, ob-
wohl die ihr Leben im Bärenpark genießen, im Was-
serbecken baden, klettern, durch'n Wald streifen, ku-
scheln...
Apropos Kuscheln, Bärli... Bär... Bärli-Bär? Ih hab

jetzt gar nimmer Lust. Weißt was, tun ma tratschen auf der neuen Couch im erotischen Rot, lass man noch einmal die Hochzeit Revue passieren, Bärli-Bär. Das war stark, als du mih über die Schwelle tragen hast in die Wohnung hinein.

Weißt du, dass du dich ganz schön anghängt hast?...kein Leichtgewicht...Ich hab glaubt, du hast Gwichter anghängt...

Na ja, wenn du mih auf den Rücken schulterst und patschert haltest, is 's eh klar. Du hättest mih, wie ein Neugeborenes, auf beiden Armen reintragen müssen! Über die zerbrochenen Gläser hinweg. Es war peinlich, peinlich für die Andern...Ih hab ausgschaut wia a Käfer, der am Buckel liegt und sich nicht zu helfen weiß.

Na, ih kenn mih da net so aus mit die Hochzeitsbräuch' wie deine Eltern. Da muss ja alles perfekt sein, was das anbelangt.

Na, man heiratet ja schließlich nicht jeden Tag. Mit dem Ring habn wir uns ja sowieso „Lebenslänglich" geben. Aber zittert habn ma beide beim Anstecken, in der Kirche noh mehr als am Standesamt! Es war so eigenartig, die Blicke der Hochzeitsg'sellschaft im Rücken auf meinem weißen Empire-Kleid und dein' weißen Seidenanzug. Die Mama hat bestanden drauf, dass die Hochzeitsrobe lange Ärmel hat, von wegen der Unschuld, weißt? "Ausziehen", hat sie gsagt, "ausziehen kannst dih im Schlafzimmer, aber net in der Kirchen." Da is sie streng.

Und dann erst das "Ja". Das war das Aufregendste. In der Kirche noch aufregender als am Standesamt.

Und erst die Tafel beim Wimberger! Der Höhepunkt!

Eine Wucht!

Aber die 250 Austern, die haum sa sih alleine essen können. Die schmecken so wie gsalzene..., du weißt schon...Ih will net ordinär werden an unserem ersten Tag..

Und die weiße Hochzeitstorten mit dem Fondon, die habn ma beide net kost'. So geil! Aber hast gsehn, du hast beim gemeinsamen Anschneid'n mit einem Messer die Hand unten ghabt und ih oben. Das heißt, dass ih in der Ehe die Hosen an haben werd'. Wie gehts dir damit, Bärli-Bär?

Mmmmmmmmmmmm

Dann habn's mir den Schleier ,runtertan und die Haub'n aufgsetzt. Die Mama hat auch auf einem Schleier bestanden. Sonst zahlt sie das Kleid nicht, hats gedroht. „Dann musst du dir eins borgen", hat sih gsagt. Und das wollt ich wieder net. Hast du übrigens gwußt, Bärli, dass durch den Schleier die Schönheit der Braut vor den Dämonen verborgen werden soll? Na, schön war ih sicher nicht mit der Hauben und Dämonen hab ich auch net gsehn, aber ich war daunn eben „unter der Hauben", wie s' auf'm Land sagen. Endlich! Geschafft! Die Eltern waren froh. Habn ja schon genug mitgmacht mit mir und viel Geld investiert in mih. Bin also a gute Partie. Dafür sagst ja Schatz zu mir, oder? Mit'n Edi warn's ja damals gar net froh. Er is a Baraber, habn's gemeint. Trotzdem, wie gsagt, aus Trotz, wollt' ih zu ihm in die Wohnung ziehen. Der Papa hat g'stemmt und gschwitzt, wie er die neue sündteure Küch' montiert hat, denn er hat darauf bestanden, dass ih auch was in die künftige Ehe einbring'. Doch ich konnt' nicht zum Edi ziehn!

Eine plötzliche Hemmung, du weißt schon. Das gibts. Ih war wie gelähmt. Ich hab ihn über Nacht verlassen. Ohne ein Wort. Und seither nimmer gsehn. Bin froh, dass es aus ist mit dem Edi, dem Teddy, wie ich ihn g'nannt. hab. Er war wirklich wie ein Teddybär, weiche Glieder. Ein Weichei...Kein Mann für mich. Im Gegensatz zu Dir, Bärli-Bär.

Dankeschön, dankeschön, Danke für die Blumen...
singt das Lied)
Und du kannst dir vorstellen, wie der Papa g'flucht hat, als er die Küche wieder abmontiern hat müssen und in deine Wohnung einbauen...Aber schön ist die Wohnung! Eine Reitschul' fast! So eine nobliche Gegend!

Komm, schau ma zum Fenster 'naus: Sehr praktisch:
Gleich der Spar, die Apotheken, das Altersheim...und
nicht weit zum Wimberger...A Balkon wär' nicht
schlecht.. Und eine Garage halt...
Weißt, Bärli-Bär, die wollten unbedingt, das ich studier'. Deswegen war ihnen der Edi, der Baraber, auch nicht recht. „Wenn du in so und so vielen Semestern nicht deinen Doktor hast, musst halt am Standesamt promovieren", habns gmeint. Und ich, als brave Tochter, hab gfolgt, nicht fertig gmacht und dich im chatroom kennen g'lernt. Die Mama hat sich halt mein Studium in ihren Kopf gsetzt. Wenn ich nur aufs WC gangen bin, is sie mit'n Besen schon vor der Tür gstanden. „Ich mach schon sauber, geh du wieder in dein Studierzimmerl!", hats gschnarrt und wilde Blicke gworfen. Ich hab einmal von einer Untersuchung g'lesen, nach der 75 Prozent der Akademiker nicht mit dem Clogehen zu Rande kommen, eben aus sol-

chen Gründen... Heut kann ich dafür im Haushalt gar nichts. Nicht kochen, nicht waschen, nicht putzen. Sie will das alles weiterhin für mich machen, hat sie versprochen.

Kann ich mir vorstellen, das mit dem Clogehen der Akademiker (wrd laut). Das mit deiner Mutter kann ich mir allerdings weniger vorstellen. Ich will sicher nicht, dass die in unserer Wohnung herumspaziert und herumrumort – vielleicht sogar mit einem eigenen Schlüssel. Na Mahlzeit.

Wird sich schon irgendwie ergeben. Lassen wirs rankommen...

Ja, aber net die Schwiegermama...Die lass ich sicher net rankommen... Komm, trink ma was. Mach ma an Sekt auf. Lassen wirs knallen. Ein Knalleffekt ist immer gut. Besonders am Tag nach der Hochzeit.

Vielleicht könnt'n mir vorher ein wenig aufräumen. Zumindest die Reste der Luftballons aufklauben, mit denen uns unsere l i e b e n Freunde das Schlafzimmer bis an die Decke gfüllt haben.

Und das Weckerkonzert!. War das eine Überraschung, als alle fünf Minuten ein anderer Wecker geläutet hat, irgendwo versteckt im Schlafzimmer. Diese Schlafräuber! Die werdens noch mit uns zu tun kriegen!

„Es ist schön – solche Freunde zu haben. Es ist schön, nicht allein zu sein..." singt das Lied).

Komm, schau'n wir in den Kühlschrank und in die Laden. Vielleicht haben sie da auch aus altem Hochzeitsbrauch alle Eier gekocht und Salz und Zucker vertauscht.

Die Gläser gebn wir in den G'schirrspüler. Aber... Schatzi..., doch nicht mit der Tulpe nach oben! Die

Gläser musst stürzen, die Tulpen in die Stifte einhängen und die Schafte seitlich einfädeln, damit sie nicht umkippen und dabei kaputtgehen.
Ich hab dir ja g'sagt, dass ich im Haushalt nix kann.
Aber ein bisserl spät...
Was heißt das? Hättst mih sonst nicht gheiratet?
Du, ich hab an Mordshunger plötzlich
Koch ma was?
Was?... Was schlagst vor?
Den Kühlschrank haben uns die Freunde auch vollgefüllt. Immerhin. Fleisch, Wurst, Fisch...
Aber ich kann nicht kochen.
Tröst dich, ich auch nicht. Aber ich hab vorg'sorgt. Hab vorige Woche ein Plakat gelesen im Fenster vom Wimberger. Da gibt's heut' a Veranstaltung, die nennt sich „Buchstabensuppe", aber da gibt's nicht nur Suppe, sondern ein viergängiges Menü um nur, was sagst, 25 Euro:

Steinpilze in Bärlauchschaum
Zanderterrine in Vogerl-Rucolabeet mit
Quittendressing
Laaerberger Feldhase in Preiselbeer-Wurzelsauce mit
Waldviertlerknödel
Polsterzipf blutrot „auf Wolke sieben".

Na, besonders das Letzte ist wie für uns g'macht! Und die Bär-lauchsuppe ist extra für dich, Bär. Extraordinär!
Bestell'n wir Plätze. Für zwei Personen stellen die sicher noch zwei Gedecke dazu. *Da hast einen Sekt zur Begrüßung, das Viergänge-Menü und auch eine dich-*

terische Unterhaltung. Und stell dir vor: Weißt, wer dort liest? Du wirst es nicht glauben. Die Elisabeth Schöffl-Pöll, die Freundin von deiner Mutter, die bei unserer Hochzeit war und uns den „Liebesleitfaden" geschenkt hat.

Was, d i e liest? Die das Büchlein g'schrieben hat mit den nostalgischen Hochzeitsfotos? Mit den Sprüchen wie „Was ist die wollene Hocheit? Sie wollte, er wollte noch nicht". Das trifft aber auf uns nicht zu. Oder: „Liebe auf den ersten Blick ist die am weitesten verbreitete Augenkrankheit". Gell, das trifft auch nicht auf uns zu. Oder?

Aber die Bär-lauchsuppe scheint für Dich gekocht zu sein, Bär. Und der Polsterzipf „auf Wolke sieben" für

uns zwei. *Siehst, jetzt hast Bär gsagt. Ohne li. Du bist doch entwicklungsfähig.*

Noch was: Du kennst doch den Chefkoch vom Wimberger, den Peter. Den kenn' ich. Aber du musst nicht eifersüchtig sein. Der Peter is zwar a Netter, aber mit dir bin ich lebenslänglich zusammengschmiedet, nur mit Dir...Du weißt schon. Bussi, Bärli

Valentinstag

Schenkst Blumen du zum Valentin,
sind sie in ein paar Tagen hin.
Steckst du ein neus Handy drauf,
dann nimmt das Glück den rechten Lauf.

A Handy is' a feine Soch.
Probiers zum Valentin! Und loch!

Den Valentin so sehr ich mag.
Ich ruf ihn an jetzt Tag für Tag
Mit meinem neuen Telefon.
Das Läuten ist mein Lieblingston.

Valentinstag gibt's nur einmal im Jahr.
A Handy alle Tag – is eh ganz klar.

Stufen der Erotik

STUFEN DER EROTIK 1

I mog di   sogt sie
   I mecht di   sogt er

I wüll di   sogt sie
   I brauch di   sogt er

I steh auf di   sogt sie
   I lieg auf dir   sogt er

I liab di   sogt sie
   I hob di gern   sogt er

I heirat di   sogt sie
   I fürcht di   sogt er

I übergibt mi   sogt sie
   I übernimm mi   sogt er

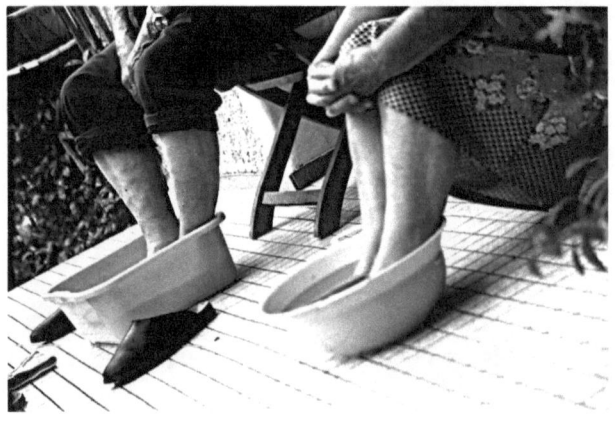

STUFEN DER EROTIK 2

Du gehst mir auf d' Nerv'n   sogt er
    Du liegst mir im Mog'n   sogt sie

Du host jo koa Hirn   sogt er
    Du host jo koa Herz   sogt sie

Du bist ma wurscht   sogt sie
    Du bist ma z'wida   sogt er

Du mochst di rar   sogt er
    Du kimst vü z'oft   sogt sie

Du mochst mi zum Norr'n   sogt er
    Du bringst mi ins Grob   sogt sie

STUFEN DER EROTIK 3

I bin wer   sogt er
    I bin nix   sogt sie

I hob wos   sogt er
    I hob nix   sogt sie

I hob oan   sogt er
    I brauch koan   sogt sie

Schmidataler Körndlfest

Ess ma a Mol, trink ma a Mol,
mechts enk leicht ziern?
Teits a die Gäst
zu an Ochterl verführn!

Redn ma a Mol, loch ma a Mol,
setz ma sih zsaumm!
Nutz ma die Zeit,
wonn ma Friedn noh haum.

Sing ma a Mol! Tonz ma a Mol!
San heit fein gstimmt.
Passts auf 'es Weinland auf,
dass 's koana nimmt!

Prost a Mol! Trink ma a Mol!
Lossts koa Noagerl net stehn!
's war in Ewigkeit schod
um den Weinviertler Wein.

Sog an Spruch! Stess ma on!
Schütts nix danebn!
Denkts dron, de Rebn
hot da Herrgott uns gebn !

Musi! Spielts auf a Mol!
Geh, seids net fad.
Bersch, nehmts die Menscher her,
dass sih all's draht!

Bäuerin, Knödln koch!
Goiss es Schweinsbratl auf!
Und auf an Fei(er)ta(g)
passt a Schnitzel noh drauf.

Bauer, stöll Glasln auf!
An Veltliner schenk ein!
D' Leitln solln lustig
beim Körndlfest sein.

Kotz und Maus

Die Maus is ins Fassl voll Wein einigrutscht.
Zerscht hots a Mol trunka, daunn hot sa sih ghutscht.
Auf oamol hots gmirkt daunn, do gibts koa Entrinna:
Sie hot aus'm Fassl net aussakräuln kinna.

Da Koter hot 's Missgeschick recht schöll entdeckt
Und hot gonz galant ihr sein Schwaunz zuwigstreckt:
Ih rett' dih, waunn ih dih daunn fressen doarf.
In dem Foll kaunnst aussakräuln gern auf'm Schwoaf.

Jo freulich, sogt d' Kotz, weul des is ma gleich recht,
Erstickungstod, sogt mas, is eh jo gaunz schlecht.
Wia d'Maus iwern Schwaunz auf'n Fuaßboden springt,
flutscht s' eini ins Mausloch ums Eck nocha g'schwind.

Do gift't sih da Koter. Er fühlt sih betrog'n!
Hot eahm die Maus z'erscht valei goa dreist au'glogn?
Du host zu mir g'sogt, ich kunnt dih daunn fressen!
Jo, wos ma in Rausch gsogt hot, kaunn ma vagess'n!

Kellerkatze von Günter Stockinger

Trinklied

A Mensch, der nix
trinkt,
is wia a Gläut, des net
klingt
is wia a Bergwerk ohne
Staa
is wia a Kind gonz alaa
Ohne Kölla und ohne
Wei
mecht ih auf gor koan
Foll sei
A Mensch, der nix
trinkt,
is wia a Hirsch, der net
springt,
is wia a Fleisch ohne
Baa,
is wia a Sproch ohne
"Na".Ohne Kölla und

Mensch ohne Wei
is wia a Hund ohne Lei
is wia a Ox ohne Zai *
is wia a Bratl ohne Rei
Ohne Kölla und ohne
Wei
mecht ich auf gor koan
Foll sei
A Wei ohne Kölla
is wia a Suppn ohne
Tölla
is wia a Kind ohne Föhla
is wia a Pfennig ohne
Hölla
Doh: A Wein ohne Kölla
das war a koa Föhla.

ohne
Wei
mecht
ich auf
gor
koan
Foll sei
A

Leben-besteht aus Schauen

In da Fruah schaust bled aus da Wäsch'.
Du muasst schaun, wias d' ausn Bett kummst.
Daunn muasst schaun, wias d' zu an Fruhstück
kummst.
Nocha muasst schaun, dass d' den Bus net va-
samst.
Du muasst dazua schaun, dass d' an Sitzplotz da-
wischst.
Daunn muasst schaun, dass d' z' recht in d' Orbeit
kummst,
Nocha muasst schaun, dass d' durt net gmobbt
wirst.
Daunn muasst dazuaschaun, dass d' mit da Orbeit
fertig wirst.
Jetzt muasst schaun, dass d' den Zug noh da-
wischst.
Daham muasst schaun, wos in Kühlschraunk is.
Daunn muasst schaun, wos d' einkaufn muasst.
Jetzt muasst dazuaschaun, dass d' rechtzeitich
hamkummst.
Nocha kaunns a wengerl Fernschauen.
Owa daunn muasst schaun, dass d' rechtzeitig ins
Bett kummst.
Und schaun, dass d' rechtzeitig es Liacht obdrahst.
Jetzt muasst in Nochtkastl schaun, wo die Schlof-
pulver san.

Wasser und Wein in Roseldorf*

In meiner Schulzeit, ,s is' laung schon, o mein!
Do hauma vom Wasser gern gsungen, vom Wein,
wia s' untereinaunda tuan streiten.
Da Wein kaunn des Wosser net leiden.

In Roseldorf , da ist es krasser.
Dort kokettiert ma mit dem Wasser.
Net etwa Streitigkeit mit Wein.
Na, na, der Wein, der schmeckt durt fein!
Die Ortschaft ist aun Schätzen reich
und Wein und Wosser gölten gleich.

Roseldorf gilt als Wiege des Weines (TraubenkernFund aus der Keltenzeit) und besitzt das größte Wasserauffangbecken in Niederösterreich.

Biotop Roseldorf/Schmida

Weinviertel – mein Viertel

Weinviertel – mein Viertel -
dös tuit mih gfrein
Doh waunst guat auf-
passt drauf
ghört a Stückl a dein

Weinviertel – dein Vier-
tel -
zoig zu uns her!
Wauns d' zu uns freind-
lih bist,
gibt's ah koa Gscher

Weinviertel –
Aus 'm Wein-Viertel
trink ih mein Wein.
Ober waunnst durschtih
bist,
ghört a Ochterl a dein

Weinviertel – Schön-
Viertel
kunnt dei Nauma ah
sein.
Weul wo wird 's schöna
ols im Weinviertel sein!

Unser Waldhäuserl am Stausee

A Hauserl am Himmel net gaunz in der Höh,
a Hauserl, koa Haus net – und drinn is 's gaunz
schön.
A Kammerl zan Schlofa z' Mittog und auf d 'Nocht,
a Stubn a zan Wohna – gaunz oafoch a Procht!

Und kimmt a Besuch, hot er ah wos zan Bleibn,
weil oamol do obn, konn oan nix mehr vertreibn.

Mochst di Tür a mol auf, liegt da Stausee vor dir.
Wem des Hauserl do ghört, der sogt gern, dös ghört
mir.

Gehst an Schriatt hinter s Häuserl, stehst mitten im
Wold,
oan Schriatt links und oan rechts, kimmst net aussi
so bold.

Rund ums Häuserl, wo s d hinschaust, noh ollaweil
Bam
Und drunten beim Wasser san d' Krotn daham.

In da Mittn vom Grund steht a Bankerl – a Wucht
und a riesiger Felsen hängt über der Schlucht.

Gaunze Körbel voll Schwammerl, wos d' hinstöllst
dein Fuaß -
und a niada Zentimeter - vom Himmel a Gruaß.

Wo is denn – wo san denn...?

Wo san denn de Pudelhupfa mit de Zuggastongan,
wo san de Wirtshäuser, de Wirtn mit de Ochsnzain,
de Eiskölla,
wo san denn de Kühlhäuser, wo san de Ross-
Schwemm und de Wehr,
wo san de Löschteich, es Müllihaus, de Bauergartln
mit'n Rosmarin fia d'Hohzatn und fia 's Sterbn und
mit' n Buxbam für d' Palmbesen,
wo san denn de Hiatahüttn, die Truhenwogn und
die Dunnerwogn (so hobn s' ghoassn wegn de Ei-
senradln), wo is da Mistbauer,
wo is denn d' Schmidn und de Mühl, wo is den da
Dorfschneider und da Wognschmid,
wo is da Dorftroddl, wo san de Bradler und de Ir-
ken, de Würfelboding, es Pfitschigogerln,
wo is de g'schupfte Polka, de Extratour und es
Obklatschn,
wo san de Holzbuttn, de Buttenspritzen mit'n Kup-
fervitriol,
wo san de Woschrumpeln, es Stoglbegleisen,
wo san de Sicheln und de Sengstna und de Wachla,
wo is da Donglstock, wo is da Weiartstecka,
wo is es Bundstroh, da Kellerzöger und es Köllerko-
berl,
wo san de Köllamauna,
wo is de Holzpress, wo is de Hoanzlbonk,
wo is da Holzschuimocha, wo san de Oara,
wo san de Orgeltreta, wo san de Glocknschwinga,
wo san de Korbflechta, de Hosenheitler,

de Sauschneider,
de Zigeiner,
wo san de Holta und de Hiata, wo san de
Austrummler,
wo san de Hozatar, wo san de Messerschleifer,
wo san de Wirtshausvorfihrer, wo san de Schinda,
wo san de Federnschleisser, wo san de Kukaruz-
rebler,
wo san de Regens Chori, de Schullehrer und
de Pforra mit eahnare Köchinnen?
Wo san de Kiaznschlicker und de Himmeltürlschmie-
rer,
wo san de Wollfohrer und de Kreuztroger, wo san
de Sorgtroger,
wo san de Spinnerinnen und Weberinnen,
wo san de Drischeldrescher, wo is es Bundstroh,
wo san de Dreschmaschinendrescher, wo san de
Haferlflicker,
wo san de Dangler und de Wundausbrenner,
wo san de Rossknecht und de Stolldirn,
wo san de Sauschneider und de Stierschneider,
wo san de Störschuaster und de Störschneider, wo
san
de Kirchenblattlaustroger,
wo san de Gmoadeaner und de Schuideaner,
wo san de Mühlbauer, wo san de Müllner,
wo san de Mahder und de Daunanehmer,
wo san de Kloahäusler und de To(g)werker,
wo san de Teenager und de Hol(b)storkn,
wo is da Hula-Roaf,
wo san de Mahmaschinen,

wo san de Gorbenbinder und de Erdäpfelroder,
wo san de Indian (Truthahn), wo san de Schwol-
bennester,
wo san de Brotlaberln (Käsepappeln), wo san de
gschopptn Gansln,
wo san de Puppenhutschen, wo is des Plastron,
wo san de Kirita(g), wo san de Standln und de
Hutschn, wo is da gstampfte Tenn zan Tonzn,
wo san de Klothschiarzn, wo san de Klothhosn zan
Bodengehn,
wo san de Wetterhexn, wo san die Stützerln,
wo san de Fiata und de Schürzn, wo san de Sockti-
acheln und de Gugln,
wo san de Soafaflockn, wo is es Federweiß,
wo is es Schmirgelpapier zan Schmirgeln von Kuchl-
herd,
wo is da g'ölte Schulbodn, wo is da griebene Tafel-
bodn,
wo is de Schiefertofel, wo is da Tofelschwomm, wo
is
da Setzkosten?
Wo is es Zacherl, es schöne Wagerl und da Loata-
wogn,
wo san de Stiefelfetzen und wo is da hülzerne Stie-
felknecht,
wo is da Bodzimmerofen und wo is da Sogschortno-
fen,
wo san da Klägerschnops, da Haustrunk und da
Guide, es Zwiemandl?
Wo san es Ziguriwosser, de gröste Gerstn und da
Kaffeeersatz,

wo san da Feignkaffee, da Melande und da Bsoffene
Kapuziner,
Wo is da Streuselkuchen und da Allerheiligenstrie-
zel, wo is es Striezelposchen?
Wo san de sölba gmochtn Kropfan, wo is da greimte
Maibamspruch,
wo san de Nussbam und wo is da Zwetschknbam
vorm Haus,
wo is de Hausbank, wo is da Edelputz, wo is de Ka-
ligruim,
wo san de Mauerwalzn, wo is da Misthaufn, wo is
des Plumpsklo,
wo is da Spucknapf und es Rohrstaberl,
wo is da Irmelschoner, wo san de Hosenspangen,
es Plastron,
wo is da Votamörder, wo san de Sockenhalter und
de Manschetten,
wo san de Schnellfeuerhosen, de Zylinder und da
Stösselfrack, wo is es Miader,
wo is es Inslert und da Schmer, es Schmolz und da
Schnops zan Einreibn, wo san de Reitern und de
Taubnkobeln,
wo san de Priglkropfen,
wo san de Gäns mit eahn Schnottern und de Hohna
mit eahnara Krahrarei, de Schwolbennesta, de
Ommkörb, de Windn,
wo san de Maschanska und de Lederäpfel, de
Schmolzäpfel und de Jungfernäpfel,
wo san de Pelzhosn und de Gattehosen,
wo is de Brillantine im Hoar, wo is des Flott und Fit,
wo is da Ottoman, da Schoppschamel und da

Mölchschamel,
wo is de Gansl-Lockn, wo is da Mülliamper,
wo san de gusseisern Himmelsköpf, de Lohhagler *?
*Himmler
W o san de Zeiselbärn (Ziesel)
wo san de Halter, de Austrummler, de Vorbeter, de
Feuerwehrbloser,,
wo san de Sauabstecher und de, wos de Gstorbna
anzoign tan,
wo san de Wegeinräumer und de Gendarm ,
wo san de Altorbauer zu Fronleichnam
wo san denn...
wo is denn...

Wos fia Weiwaleit in Wei(n)viertl gebn hot

Audirndlte
Audridschkerte
Aufblosane
Aufdunnerte
Augschirrte
Aulassige
Aunnamirl
Autedlerte (Blöde)
Autreiberin
Bigotte
Bisgurn
(Fisch Bisgurnus wacht vor der Höhle und ver-
scheucht Fische)
Bissige
Blede Blunzn Boanahaufa (Knochenhau-
fen)Blindschleichen (BrillenträgeriBohnenstauBret-
schen (Undeutlich Sprechende)
Brillenschlange (Brillenträgerin)
Brudschull
Chorpforzen (Chorsängerin)
Christkindl (Verträumte)
Dahergroaste
Dasige (Zurückgezogenes, niedergeschlagenes We-
sen)
Deiderl
Depperl
Dicke Dirn
Dicke Nudl
Dirndl

Dragona
Dreckschleudern (Frau mit anrüchiger Sprache)
Dumpfbacken
Dunderl
Duriwäudl (durch den Wald)
Fade Nudl
Fegfeier (Fegefeuer)
Feierbeses Wei (Feuerböses Weib)
Feste Murksen
Flitscherl (Leichtes Mädchen)
Fratz
Freches Luida
Fuchtel
Fummel
Funsen (Hochnäsige)
Ganserl
Gaß (Geiß)
Gatschn
Gfrast
Gfries
Gmoatrotschn
Godl (Flotte Godl (Patin). Alte, noch gut beisammen)
Goscherte
Gottern (Gattern)
Grammel
Grantscherm
Graten (Gräte: Alte)
Gscheida Knopf
Gscherte vom Laund
Gschnigelte

Gschpiebenes Äpfelkoch (Gelbgesichtige)
Gschtöllte (Gestellte. Gute Figur!)
Gschtopfte
Gurken
Gurren
Gwaundlaus (Lästiges Anhängsel)
Hascherl
Hatscherte
Hopfnstonga
Keppelmaschin'
Kepplate
Kindl (So a Kindl = Behindertes Kind)
Kleehummel (Umherschwirrende)
Kleschen
Kloans Luida
Klobesen (Unfrisierte)
Kluiche (Sparsame)
Kluige
Kniaweidlade (Frau mit O-Beinen)
Krallawatscherte
Kratzbürschten
Krispindel (Filigrane)
Kuih (Kuh, auch blöde, alte oder blinde Kuh)
Kuihaugade (Einfältige Frau mit großen Augen)
Kupplate
Landpomeranzen
Leichte
Lemonetascherl (Kosename = Süßes Goscherl)
Liadaweiber (Harfinistinnen)
Maunanarrische
Mentscherl

Muffen (Mürrische)
Musch (Schwerfällige)
Narrische Henn
Nockerl
Nudel
Nudeldicke Dirn
Olte Hütten
Olte Jungfer
Ossel (Assel)
Pegatzen
Penzen (Frau, die keppelt oder sekkiert)
Pfludern (Aufgeplusterte)
Plädern (Blätter der Rübe)
Plärrende
Potscherl
Quadratlatschen (Frau mit ausgetretenen großen Schuhen)
Rafferl (Von Raufen: Umtriebige, zu Streichen Aufgelegte)
Ramsamperl (Schlimmes Kind)
Rassige
Ratzen (Frau, die „ruachelt" = viel arbeitet)
Rehrerts Trum
Rinnaugade
Sara
Saubere Dirn
Saubers Madl
Schaasaugade (Frau, die den Durchblick nicht hat)
Schabracken
Scheaglate
Schlompate

Schnattern
Schnolln (Schnalle, die schmückt)
Schragen (Gestell, Stellage)
Schraufen (Schraube = Gewinde und Gegengewinde)
Schwammerl
Schwiegerdrachen
Schworze Gretl
Semmeltrenzerl (Kind, dem Speichel aus dem Mund rinnt)
Sitzenbliebene
Spinnerin
Springinkerl
Stadel
Stills Wasserl
Stodtfräuln
Stroanzn
Susl
Taube Dirn
Törrische (Taube)
Tramperl
Treatscherte (Weinerliche)
Trotschmäuln
Trulla (Heitere Einfältige)
Trutschn
Tschopperl
Tuchent mit Ohrwascheln (Unförmige Frau)
Tussi
Ueberbleibsel
Überstandige
Umurken (Gurke)

Unschuldsengerl
Urschel
Voglscheichn (Vogelscheuche = Lange, Dürre,
Klapprige)
Vollbusige
Weihwasser-Anten (-Enten)
Wimmerndes Weib
Wollnerin (Waldviertlerin)
Zauk
Zaunga (Zange)
Zerrafte (Zerraufte)
IZeulbesn (Besen, der die Gasse, Zeile kehrt: Eine,
die immer vor dem Haus ist)
Zezen
Zezerl
Znepfte
Zniachterl
Znift
Zuigroaste
Zwidawurzn
Zwitscherbürsten
Zwoch
Zwutschkerl

Wos fia Weiwaleit in Wei(n)viertel a gebn hot

Oane, bei dera wos da O-Wogn durchfoahrn kunnt
(Frau mit O-Beinen)
Oane, bei dera wos da Rauch aufsteigt (Weihrauch,
vor lauter Ehrfurcht)
Oane, bei der a wos de Mülch sauer wird (Langwei-
liges Frauenzimmer)

Oane, bei dera wos ma es Mäul extra daschlogn muiss

Oane, de wos a Gsicht hot wia a Feuermelder (Zum Einhauen!)

Oane, de wos a Gstöll hot wia a zwoa Mol gschwasste Radlpumpn

Oane, de wos a Mäul hot wia a Stodltoar

Oane, de wos an Brotsch mocht (Mundwinkel hinunterhängen lässt)

Oane, de wos an Glomsch (Vogel) hot

Oane, de wos an Hintern hot wia a Wurschtsemmel um 500 Schülling

Oane, de wos aufgmascherlt is wia a Olmkuih (Almkuh)

Oane, de wos aufputzt is wia a Christbam

Oane, de wos ausschaut wia a frisch lackierts Hutschpferd (Geschminkte)

Oane, de wos bei de Pforran umanaunda kräult

Oane, de wos büllich schaut

Oane, de wos d´ Hosn auhot

Oane, de wos de Unschuld scho valorn hot

Oane, de wos eahm d' Wadln vire richt

Oane, de wos en Kopf schief holt (fromm)

Oane, de wos es Gehn in da Schmolztesten glernt hot (O-Beine)

Oane, de wos es Mauna-Obrichtn kaunn

Oane, de wos haupische Gschpasslaberln hot (Spasslaibchen = Brüste)

Oane, de wos Hoar auf de Zähnd hot

Oane, de wos Holz vor da Hüttn hot (Großbrüstige)

Oane, de wos koit is wia a Presswurscht

Oane, de wos nix vabrocha hot (Arges Weibsbild)

Oane, de wos noh Stoahof ghert

Oane, de wos oan en Buckl owarutschn kaun (man nimmt sie nicht ernst)

Oane, de wos ollas zrreisst (Arbeitstier)

Oane, de wos ollaweul gstimmt is (Kleidungfarblich abgestimmt)

Oane, de wos schaut wia a kraunke Goass

Oane, de wos schiach is wia da Kriag

Oane, de wos scho drentan Wossa woar (in der Nervenheilanstalt)

Oane, de wos si herricht

Oane, de wos si zopfen, kampeln und ausnadeln losst

Oane, de wos so schiach is, dass beim Sacher den Kaffee obschrecka kunntert

Oane, de wos sporsam schaut

Oane, de wos umadum rennt wia a Popagei (bunt Gekleidete)

Oane, de wos untn fest beianaund is
Oane, de wos van Fleisch follt (Dürre)
Oane, de wos vorn Ebendorf und hint Lodendorf
(Ladendorf) is
Oane, de wos vorn wia a Lodn und hint wia a Brettl
is
Oane, de wos zwoa Grostiachln brauchat (statt ei-
nes Büstenhalters)
Oane, der wos da Knopf erst später aufgeht
Oane, dera wos ma a Zündhölzl in Hintern stecka
muiss (Faule)
Oane, dera wos s schlont (die beim Arbeiten rasch
vorankommt)
Oane, dera wost beim Gehn de Hosn flicka kunntast
Oane, dere wos ma bei da Orwat d' Hosn flicka
kunntat

Wos fia Maunnaleit in Weinviertl gebn hot

Streithansel
Kipfel
Watschengesicht
Sargnagel
Hallawachel
Dorflatsch
Psych
Bürohengst
Pudlhupfer
Kopfschüssler
Kerzenschlucker
Weibernarr

Schnallendrucker
Goderlkratzer
Hornochs
Rutschepeter
Tippelbruider
Ei
Frissling
Quadratschädel
Ungustl
Rotzpippen
I-Tipfel-Reiter
Mondscheinbruider
Reservechristus
Gifthäferl
Hudriwudri
Dukatenscheisser
Gipsschädel
Ohrwaschelkaktus
Früchterl
Haderntippler
Stadtfrack
Arschkriecher
Ehekrüppel
Vereinsmeier
Langes Elend
Neidhammel
Geistiges Nackerbatzel
Gfries
Bauerndickschädel
Gigerl
Saufbruider

Halbseidener
Querbutterer
Hurenbeutel
Pfosten (Hölzerner)
Kleehummel
Kasperl
Schießbudenfigur
Glotzaugerter
Neandertaler
Hungerleider (Lehrer)
Griesgram
Schleimscheissser (Hineinraunzer)
Niemand
Abziehbildl
Gutmensch
Jammergestalt
Kramerseele
Jasager
Stehaufmanderl
Siebengescheiter
Kacker
Knacker
Flaschen
Narren-Tatl (mhd. Für alten senilen Mann)
Wabbler
Brabbler
Boberl (Papagei)
Krautscheisser (Kohlweisling)
Hirnederl (Ursprung: öde)
Flohbeutel
Glumpert (Mensch in Lumpen, Sippschaft in Lum-

pen)
Gfrast-Sackel
Weltuntergang
Kanaille (Aus dem Französischen = Schurke)
Würstel
Hundling
Dampfplauderer
Macher
Schwindliger
Krauterer
Bizzler
Einiraunzer
Schönling
Huitblume
Wappler
Dolm (Tölpel = gelbköpfiger Vogel Einsertrottel
Hirnschüssler
Krispindel
Gschaftshuber
Hudriwusch
Dillo
Schnösel
Kümmerer
Sechter (Melkeimer)
Obergscheiter
Stadtfrack
Gesindel (niedriges Volk)
Deiderl
Nixnutz
Ang'stochener
Patsch-Achter (Radfelge nach Unfall)

Beleidigte Leberwurscht
Grant-Scherm (Scherm = Nachtopf; Teil von zer-
brochenem Glas)
Hosenscheisser
Hosenkacker
Loahmlackerter (Lehmlache)
Hiefler (Hieferschwanzl – Rindfleisch von der Lende)
Kreipling /Kräupling (kraupert: zerzaust, Neidham-
mel
Zaun-Soacher (Zaun-Seiher)
Herrgottschleuderer (Kommunionspender)
Scharten-Schlichter (Tischler)
Krawattl-Ferner (Einer ohne Krawatte)
Pippen
Arsch
Arschloch
Ang'stochener
Hurenbankert
Krampen
Grabler (Am Boden, in der Erde Arbeitender)
Hackler (Arbeiter)
Silbenstecher (Dichter)
Heampadreatsch (Einer, der ein mieses Gesicht
zieht)
Scherzküberl
Gmoaratschen
Scharwenzel (Schmeichelnder dienender Werber)
Schlagler (Einfältiger)
Pfeifen
Kalbl
Sturschädel (Starrer Kopf)

Kretain
Krepierl (kränkliches Wesen)
Zniachtel (unscheinbares Wesen)
Schmalpickter (schmales Hinterteil)
Mistkerl (Starker)
Häferl (Tränender weicher Mann)
Hadern
Siemandl (Duckmäuser)
Wölle
Wascher (Mann mit großen Händen)
Waschel (Ungeschickter)
Waserl (Unbeholfener)
Strizzi
Strawanzer
Schwarzkappler (Kontrolleur)
Sack
G'hatzter (Homosexueller)
Schmähführer
Gmütliches Haus
Betonplutzer (Hirn zubetoniert. Plutzer = Kürbis)
Schwein
Saubär
Schnösel (Kleinbürger)
Krüppel
Neidhammel
Mistschüppel
Zemtetera (Beschränkter, Verrückter)
Krautwachter (Zöllner)
Kampel (junger Bursch, gekämmt)
Knopf
Ausg'ronnenes Hendl

Dalkerter
Schlawiner
Naz
Antreiber
Angeber
Gscheitscheisser
Schürzenjäger
Knauserer
Gscherter
Gschnigelter
Trottl
Depp
Dodl
Krallawatscherter
Aufblosener
Zwidawurzen
Schlankerl
Drahdiwaberl (Opportunist)
Windfahne (Opportunist)
Steiger
X-Haxler
Fescher Knochen
Surm
Hirnwichser
Bamschabel (Strohschabel, aber auch strohdummer, Mensch)
Racker (Zusammengerackerter)
Gasselgeheer (Stattet der Geliebten nächtlichen Besuch ab)
Gesundköstler (Gesundheitsfanatiker)
Maden im Fleisch (Träger, Schmarotzer)

Dackel im Simperl (Verwöhnter, Genussmesnch)
Trankler, Tschecherant, Spiegelsäufer

Wos fia Maunnaleit in Weinviertel a gebn hot

Oana, dem wos ma zoagt hot,
wia ma mit da Goaß ockert

Oana, dem wos ma zoagt hot,
wia s Laung geht (wie es gehört)

Oana, dem wos scho da Soafaling (Speichel) aussa-
rinnt

Oana, den wo (beim Sprechen) da Bauer aufihaut

Oana, der wo koa Ohnung van Tuttn und Blosn hot

Oana, der wos a Gsicht wia a Briafkastel hot:
Zan Einihauen

Oana, der wos allaweul de Händ' in Himmel hot
(der Frauen umarmt)

Oana, der wos a Ich-bin-Ich-Vissage hot

Oana, der wos allaweul Flaschko is (Spiegeltrinker)

Oana, der wos an Dreck wos vastaht

Oana der wos an Huscha hot

Oana, der wos an Poposcheitel hot
(Haare in der Mitte geteilt)

Oana, der wos ausschaut wia a ausgrunnanes Hendl

Oana, der wos de Köllafensta eintritt
(Fussspitzen nach außen)

Oana, der wos den Orsch auf da Reard
(...auf der Erde = kurze Beine) hot

Oana, der wos geht wia a Storch in Solot
(Salat = unsicher)

Oana, der wos iwa sein Onkel geht (Fußspitzen
nach innen)
Oana, der wos mehr in Hahnl ois wos in Kampel
(Hahnenkamm = Potenz) hot

Oana, der wos mitn Huit unterm Teppich Radl fohrt

Oana, der wos ollaweul in Heilstollen
(in der Kellerröhre) is

Oana, der wos uman Weihbrunn geht
(statt der Kirche ins Wirtshaus)

Oana, der wos wia a Bär in da Gerschtn (Gerste)
steht

Oana, der wos gspitzt is wia a Viererblei
(ist auf Mädchen spitz)

Oana, der wos wia a Schnitzel is: beklopft

Oana, der wos koa Leintiachel net zerreißt
(weil er fast nie daheim schläft)

Dorfnamen im Wettstreit

Röschitz – Hasen
Klein-Reipersdorf – Rebhendl
Roggendorf – Stoapecker
Wartberg – Fisolenpapper
Grafenberg – Glaslstürzer
Stoitzendorf – Bochmäus
Roseldorf – Bochjogln
Braunsdorf – Büttelscheißer
Goggendorf – Krotnpracker
Watzelsdorf – Bachschwatzer
Unternalb – Sandhasen
Pulkautaler – Bochjodler
Wulzeshofen - Zwiebellandler
Hadersdorf – Schneebrunzer
Etsdorf – Goaßmarkler

Feuersbrunn – Gstettenkräuler, Bettelleut
Engabrunn – Blunzinger
Jettsdorf – Gossnjager
Fels – Lumpen
Gösing – Gstetten-Gloderer
Gobelsburg –
Gurkenschlankler
Haindorf - Hollerdrescher
Straß – Buttenbiager
Garmanns – Rebbirdler
Zwingendorf – Gmurlandler
Mistelbach – Krotnhecker
Eibesthal – Schneiderhänger
Herrnbaumgarten – Sterzjogeln
Falkenstein – Gnackwetzer
Föllim – Weltachsschmierer
Wultendorf -Wildsaufänger
Kloeinhadersdorf – Krautscheisser
Poysdorf – Bochschwanzlrt
Olgersdorf – Linsenwascher
Paasdorf – Hirnpecker
Mistelbach – Mistelbacher
Katzelsdorf – Gelbfüßler
Reintal – Guckamauntza
Bernhardstal – Mischlingjane/Hoadnjodln
Hausbrunn – Mondlöscher
Neusiedl/Zaya – Bochsudler
Ginzersdorf – Hunnen
Walterskirchen – Brennesselpelzer
Ketzelsdorf – Ungarer
Wetzelsdorf – Schwammerldürrer

Eibesthal – Schneiderhänger
Hirm - Ruimzuzler
Wolfsbrunn - Wäuldler
Katzelsdorf – Gstett'ncloderer
Wilfersdorf – Besenbinder
Tulbinger Windbeutel
In Wultschau rinnt die Költ'n net weg.
In Wullersdorf kehren die Frauen mit den Besen die
Straßen besenrein. Dann drehen sie die Besen mit
dem Stiel nach unten, damit die Hexen nicht weg-
fliegen können.

Die Großkruter haben..., das heißt, sie sind sehr
reich bzw. sie haben schöne Mädchen und einen gu-
ten Wein.
Man spöttelt, der Gruß in Großkrut laute..."Host?" =
Hast Du?

Die Großkruter haum die Hund daschlogn und die
Haut nach Poysdorf trogn.

In Hohenau is da Himmel blau,
woxt da Kukuruz - san die Leut nix nutz.

Man sagt weiters, die Hohenauer „singen".
Sie sprechen also mit einem gewissen „Sing-Sang".

Klement, Phyra und Au haben mitanaunda a Sau

Immendorf am Krotenteich –
rundherum liegt Österreich

Mühlen-Sprüche für Grabsteine auf „lustigen Friedhöfen"

Ei, du fein's Müllerlein,
mechst gern in' Himmel 'nein.
Weiß mog dein Käppi sein,
weiß mog dein Esel sein,
dein Weib obendrein.

D' Seel is schwarz wia a Rab'
Weil ih betrog'n hab.
Herrgott, hör mein Gebitt':
Schau aufs Russige nit!

Das Mühlradl draht sih,
do drah ah gleih ich mih.
Daunn tram ich a Zeit laung
Vom Mühlradl sein Klaung.

Das Mühlrad, es draht' sih so laung,
bis dass mir auf Erden ward baung.
Ich bitt dih, drah mih in den Himmel hinauf!
So nimmt mei Obsterben Verlauf:

Das Mühlrad hot sih draht.
Ih, Müller, bin verwaht.
Ih, Müller, bin verreist.
Die Mühl', die is verwaist.

Fototermin bei der Bacherrunde
im Zellerndorfer Weinviertlerhof

An Fototermin hauma, hoaßts, wiari zu da Bacher-
runde kim mit hängada Zunga, weil ih scho bei
mein neichn Enkelkind sei hätt solln. Aber ih hob
ma des Treffa vo de Puikatoler Dichta a net entgeh
lossn wölln.
Do sitzn s scho gmiatlih beianand unterm Büd vom
Mundort-Popst Adolf Jagenteufel, des wos da Fort-
ner so lebensoh gmoint hot. „Wiara leibt und lebt",
wun(d)at sih a Niads vo oan zan onan Mol aufs
Neiche.
Da Jagenteufel Hermann, gschniglt und gschneizt
wia allaweil, zoppelt a weng aufgregt umadum mit
seiner riesign neichn Fotoausristung. „Net amoil zan
Trinka hot ma Zeit". „A wegn dem seid s olle gor so
gstimmt, weuls an Fototermin gibt? Do hätt a ma a
a schnenas Gwond onlegn solln" sog ih. "Worts a
wengerl! Wenigstens d' schenan Schuih hol ih ma
vom Auto, dass ih wenigstens a bisserl wos gleich-
schau. Ih bin in da Gschwindn agleih in die
Ausglatschtn einigschloffa... Auf wen wort s denn
noh?" „Da Moser Sepp is noh auf Retz gfohrn." Hof-
fantlih is eahm nix dazwischn kemma, dem
vülgfrogtn Direkta. Da Oberschulrat Sohm teult da-
weul freindlichaweis Aundenka-Biachln aus der „His-
torischen Schriftenreihe" aus, in ochzehnten Bond,
der wos zan hundertsten Geburtstag von Professor
Bosek-Kienanst aussakemma is. Drauf steht a

Spruch von verehrten Joseph Mission, der wo a so geht:

No so geh hin zu mein Landsleuten,
griaß ma fein all, die mi kennan.

Und mia vo da Bacherrunde befoilgn gern den Spruch.

Jo, wonn die zwoa Sohm net waratn – d'Franziska hot ma ihr letzts Biachl vom Fleckalteppich mitbrocht mit ana hondgschriebna Widmung – do war da Josph Mission, da Naz-Dichter, net iwa die Grenzn aussi bekonnt worn. No jo, vielleicht hot ma's leichta i da Hoamatforschung, wonn ma, so wia d Franziska, an Volksschullehrer heiratn tuit. A so a Glick! Und da Lehrer hot wieda vo an Glick redn kinna mit so ana jungen saubern Gretl. Wauw! Heit is s jo wirklih wieder aussagstampert mit ihra schen Blusn. „An Haufa Blusna hob i ausn Kostn aussazaht, bevor ich mih fia dö do entschiedn hob. „Fesch", sog i zu ihr. „Sehr elegant. Schaust jünger aus damit. Richtih fian Fototermin."

Daweul olle a wengerl umanaunda bledln, kimmt da Sachs Ernstl. Er is gaunz verdattert, weil grod heut hot a koa Krawattn um und koa weiß' Hemad on wia sunst ollaweul. „Jessas! Grod heit für n Fototermin bi ich net fesch beianonda", kreuzigt a sih owi. Owa bold hot a sih fürs Erschte mit an Glas Spritzer tröst. Er setzt sih zuwi ins Eck, wo scho da Oberschulrot Withalm sitzt. Er nimmt die Glegnheit wohr und dazöhlt in die schüllerndsten Forbn, wia sei schwarkronke Tant' gstorbn is, dera wos a dö Treu ton hot und fia dö wos a sih aufgopfert hot in da

Friahpension. Iatza hot a olle Miah auf oamoil va-
gessn und lobt dieTant iwan grean Klee, wia des
holt bei Gstorbane so da Brauh is. Nocha lest da
Sachs Ernstl da Dichta-Tochta Traude Jagenteufel
aus de unvaöffentlichen Blattln vom Dichta-Vota Ja-
genteufel wos ins Ohrwaschl, weil da Larma von
Wirtshaus gor so groß is. Jo, da Hermann, die Trau-
de und da Ernstl hobns jo leicht. In eahna sitzt noh
olleweul da Geist vom Vota Jagenteufel, und drum
liabns eahna Sproch gor a so. Und a niads Wort und
a niada Sotz aus eanane Münder (ich konn jo ne
Mäuler sogn bei dö drei Goscherln) is eigentlih a
Mundortgedicht und warert wert, dass ma s auf-
schreibert. So san noh und noh d' Volksgedichta
entstondn friaha und d' Volksliada, waunn ma noh a
Melodie dazui gfundn hot.
Da Jagenteufel Hermann jogt noh allaweul uma-
dum, ols tat a an Teufel jogn, rennt ins Bacher-
Stüberl umi und ruckt d Sessln fia n Fototermin
zrecht. Die holbertn Sessln stengan links unter die
Urkundn und Büda vo de vadienstvolln Mundort-
Dichta, auf da onan Seitn steht die zweite Hölfte
von de Sessln unter die „Freunde der Bacherrunde."
Bei den vadienstvolln Dichtern is natirlih a da Hofrot
Walter Kainz dabei, der wos heit föhlt. Schod! Er
hot mih nämlih do her ghoit in die Bacher-Runde. Er
hot net nohgebn, bis mi da Oberschulrot Graf, der
wos die meiste Orbat hot mit da Runde, einglodn
hot. Weil man muiß wissen, es san lauter Direktan,
Schulräte und Oberschulräte bei der Bacherrunde.
Und da Josef Pfeifer aus Platt is gor a Nationalrat

a.D. und mitn großen Dichter Josef Patzelt ver-
wandt, der wos den unvergesslichen „Lambert Löf-
felmann und Silvester Aaser" gschriebn hot. Ma mu-
iß oba a wissen, dass es a große Ehre is, wonn ma
zu da Bacher-Runde eingloden wird. Ober weil i net
nur dichtn tui, sondern ah a Volksbildnerin bin, pass
ich wenigstens a wengerl dazui. Wonn ich weida
zruckdenk, follt ma ein, dass ich mit meiner Grup-
pen scho in die Sechzgerjohr Heimatabende mit n
Lois Schiferl gmocht hob und seine Mundortgedichta
aussitrogn hob über die Grenzen in die gaunze
deutschsprachige Wölt. „Da Wein is a Luida. ...".
Oder „D'Pharisäer"...Oder „Waunn is' in Weinlaund
am schönstn?" Er hot mih und mei Schwester recht
verehrt, weul mir bei unsern Österreichobendn, wia
ma unsere Heimatobende gnennt hobn, als Laven-
delverkäuferinnen singend durch die Reihen gangen
san und des Lavendelliad gsungen ham in unsere
auffollenden echten Trachtendirndln. Mein God, wor
ma domols schen und jung, ober a recht
frech...Später wor da Lois Schiferl ah mein Lehrmo-
asta in Mundortgedichtamocha. Und oamol woar a
sogor bei uns dahoam in Hollabrunn, weul sei Nich-
te, die Aichhorn Lisl, bei mir obn am Woldweg
wohnt. Und bei der Studentenverbindung RUGIA
war er ah, do wo mei Maun dabei is. Da Sessel, auf
den wos a bei uns gsessn is, is ma heit no heulich.
Die Widmung in seinem Buach „Weinland Heimat"
von 65er-Johr hob ich ma guit aufghebt: „Kamera-
din Lavendelfrau Lisl Pöll herzlich dankbar für den
schönen Abend" steht do drinn. Der Gruch vo den

Lavendel in unsere Körbeln muiß in Schiferl Lois ol-
laweul gaunz benebelt hobn. Oder wor a gor hoam-
lih valiabt in die feschn Mentscha in die schönen
Dirndln?

„Wos, dös Wirtshaus soll vasteigert wern? Ih
kaunns gor net glauben. So a herrlichs Anwesn und
so a gscheiter Wirt! Sogor obbüdln wüll a uns nocha
statt'n Hermann, dass der a drauf is am Büldl. „Und
wo soll die Bacherrunde donn hin? Oda konns viel-
leicht doh dobleibn?"

Dö Meistn haum iatzt eahna Kaffeehäferl laar trun-
ga. Iatzt fohrt da Rote und da Weiße auf. Endlih
kimt da Moser Sepp daher. Gschniglt is a und kam-
pelt, dass 's a Freid is! Von Kopf bis zan Fuiß aus-
sagstampert in Trochtengwandl mit Stutzen und
Schnallenschuih, do stimmt ollas. Er gibt's zui, dass
ollas neich is. „Extra wegn an Fototermin?", frog
ich...

„Wer hot sih denn ausserm Kainz Walter, der wos
mit seiner Berta dera iahn Siebzger feiern tuit, ent-
schuildigt, frogns den Hermann. Wos is n mitn
Dietmaier Toni? Der is jo so gfrogt mit seine Biachln
und seine Büda, sogn s. Schod, dass a net kmimt.
Da Direkta Fleischer is ah do, do hobn ma an Re-
servefotograf. Dö Bacher-Töchter san heit a net do.
Unsere Pfaffenbichlern a net, und de Auguste Mül-
ler-Binder-Zisch kimmt ollaweul söltana. Die Fohra-
rei mit die Öffentlichen is ihr holt scho zwieda. Aber
waunns dafia do is, ziert sa sih net laung und trogt
ihre oamolign Gedichta vor.

OLSO, GEMMAS ON:

"Dö schenen Frauen in die erschte Reih nebn an Herrn Oberschulrot", kummandiert da Hermann mit ana erhobenen Stimm, wia a s vo da Schuilstund gwöhnt is. „Da Herr Oberschulrot is jo da Wichtigste. Wiara olle aunschreibt und wiara olls zsaummholt und sogor Fohrten organisiert, nau und in die Chronik ollas gaunz gnau einischreibt." Weils a so da Brauh is, ziarn sa sih olle recht und wölln sih auf oamol olle in Hintergrund dränga. Zan guitn Schluss setzt sih doh a Maunnsbüld nebn die Frau Direktor Gollhofer gschamig in d erschte Reih dazui. „Legt s d Fuißspitzn a weng iwan onan Fuiß", moants da Hermann guit aus der Erfohrung aussa. „Nocha druck i a poor Mol ob, weul oamol hot der grod die Augn zui und oamol scheaglt dö Onane." „Da Wirt muiß a no a Büdl mocha, und vorher muiß da Hermann dazuispringa", sogt drauf da Ernstl.
„So, iatzt gemma auf die onane Seitn unta die Büdl von die Bacher-Runden-Freunde. „Iatzt umgekehrt. Iatzt solln die Hintern in da erschtn Reih Plotz nehma", dirigiert da Hermann weiter: „Die Vorignan solltatn iatzt d Fiass üwaranonda legn." „Ih ohne Krawattn? Geh, Hermann, leich ma schnöll die deine", bettelt da Sachs Ernstl. „'es Hemad ah?", frogt der wieder lochert.
„Des is jo wia bei den Gedicht von Jagenteufel-Vota mit da Sau", sog ih. „Ollas leichan sie sih bein Sau-Obstecha vom No(ch)barn aus, bis dass 's der pflanzt: „Mechts enk leicht die Sau zan Obstecha aa ausleicha?"
Und so geht's a gschlogene Stund. Oana grinst

freindlicha ols wos da Onane. „Dös wern schene Büda! Und dö wos nix wern, dö schenkst mir" so(g) ih. Olle lochan, weul a niada woass, dass beim Hermann seina Technik a niads Büdl gstocha schoarf wird. Und weuls ma scho pressiert mit mein' neichn Enkerl, kriag ih leider von die geistigna Sochan nix mehr mit. Vom Wein net und vom Sturm net und von die Mundortgedichter, die wos im Anschluss vortrogn werdn, a nix mehr.

„Schod! Pfiat enk God! Bis zum nechsten Mol", sog ih vorm Geh noh und gib an jedn, wia sa sie holt so ghört, die Haund beim Pfiatn."

Wia da Räuberhauptmaunn Grasel
vo sein Vodan 's Haundwerk glernt hot

Da Räubahauptmaunn Grasel woar
vor hundertochtzig Joahr,
wo d Ormut a Vabrecha woar,
a gfiachta wülda Noarr,

a G'ächter und a voglfrei.
Sei Voda: schwa vafolgt, net reich,
a Schindaknecht in Österreich.
Und d' Muida woar a Beddelwei.

De Onnamirl woar sei Schwester.
Sie zoigt mitn Jörgl über d'Felder.
De zwoa verputzen gstohlne Gelder
und zuzeln d'Oar aus fremde Nester.

Sie vegetiern mehr schlecht ols recht,
gehn beddeln, stöhln und und schuftn –
a niads is froh, waunn s' gschwind verduftn –
und sie verdingan sih wia d' Knecht.

De Muida zoigt mit d' Kinda mit.
Da Voda sitzt daweul eing'spirrt
in Brünn am Spielberg und sinniert
und hot durt goar koan Fried.

Oamol do kimmt a schworza Maunn
Bei da offan Tür ins Haus.
De Kinder versteckan sih hintaus.

Da Voda is 's. Des wissen s' daunn.
Gaunz bloddernarbenübersaat,
launghaarig und verdreckt rundum
und stinkert aus'n Mäul noh Rum.
Des Mensch is deschparat.

Da Voda faungt den jungen Buim
und nimmt na in die Zaunga:
Gfrei dih daweul, i holt da d' Staunga
beim Einbrecha, du Ruim.

Sei froh, dass 's mih noh gfreit,
des Stöhln, sunst tatst verrecka.
Geh, red! Sunst gibt's in Stecka!
Wos host'n g'lernt in dera Zeit?

Nesta ausnehma? Erdäpfel stöhln?
Oder gor nur Schwammerl brocka?
Oder in der Stubn umanaunderhocka?
Iatzt muisst pariern! Ih werd di quöln.

Ih richt' dih ob, an jungan Hund,
an flinken Marder gleich.
G e g e n   N i e d e r ö s t e r r
e i ch
Schloiß ma an Räuberbund!

In Mirz scho suichan s' mit'n
Wastl
An Bauernhof bei Thaya auf.
Ich heb dih: Steigst auf d' Finger   drauf!

Hast g'segn, wia ich a Loata bastl?*
Räuberleiter

Fian Foll, dass d' Fenster vergittert ham,
an dickn Prügel nehma nocha.
Nur Larma derfst dabei koan mocha.
Du legst am bestn 'n Huat am Tram!

Moch daunn in Riegel auf vo drinnert,
dabei derf ma koan Laut net hearn.
Iatzt leucht man oh mit da Latern!
Du, Wastl, werd daweul net spinnert!

In Nu sand dicke Bündln pockt.
In Voda is de vül zu weni':
„Zan Göd ssein Geld in d' Schlofstod eini!
Kim noh in d' Kaumma, waun d' Uhr schlogt!

„Leicht mit 'n Liacht", wischpet da Voda.
Da Jörgl, der folgt brav und siacht
in Voda auf an Maunn im Liacht,
wia a' 's Gsicht in Polsta druckt. A Toda?

Do steht da Wastl in da Tür
Und holt a Weibsbüld duckt
In Nochthemad fest zuwadruckt –
Sie brüllt ois wia a Stier.

Do stesst a s' aufn Bodn owe,
nis 's Bluit aus da Nosn dringt,
nis s' goa koan Laut mehr auassabringt,

113

kniat a sih auf ihrn offan Schnowe.

Da junge Grasel schaut bestiatzt.
„Du wirst jo net gleih flennan?
Dass mia den Deppen bindn kennan,
schneid lieaba d' Schnur von Uhrgwicht iatzt!"

Dös is des lust'ge Räuberlebn,
sinniert da Jörgl do.
Is 's net vo d' Federn grutscht aufs Stroh?
Sollt ich zruck zan Zigeinalebn?...

Noh dera Räubertour weckan s' in Wirt
in Wirtshaus in Liachtenberi.
„San d'Hosn in Haundwerk wenigst glehri?",
frogt der, wiar a ,s Wirtshaus aufspirrt.

Des is de Gschicht von Räuberhauptmaunn,
den s' GRASEL nur haum gnennt.
A niada do, der hot na kennt.
Doh schau ma sih 's End amol on:

In Ochzehnajoahr, do hot man
ghenkt
Aufn Glacis vorm Tor,
dass 's zan Daborma wor –
und nocha ins Ormengrob
owigsenkt.
Doh vorher busst a noh es
Kreiz.
Er tatschelt o(b) in Henka. –

Und schreit in d' Gaffer: „Pfiat enk a!
Jessas, a Haufa seid's!

De Arbveitswocha faungd
guid aun",
plärrt do da Jörgl weida :
„Doh moan ih, 's is am End noh gscheida,
i bussl o(b) mei Muidan."

Er beißt ins Ohrwaschl des Wei.
Dö mocht an leisn Schroa.
„Du host de Schuld, dass ich iatzt schoar
In da Höll bei die Teifln gleih!

Ols Bui hob ich auf erscht dih gsegn
mit 'n fremdn gstohlna Socha.
Du host valaungt, ich solls ah mocha.
Vo do on hob ich dih net megn.

Hätt ih an Vodan ghobt, an guitn,
hätt d' Muida ghobt a ondas Gmiat,
war ich am Goling net vabliat',
hätt ich net kriagt a Leben laung d' Ruitn.

Ih hob an Glauben, miasst 's noh wissen.
Auf wos ih olleweul noh steh
is d' Wollfohrt noh Maria Schnee.
De hätt ih wölln net missn.

Do haum de Kinda und de Kegeln
laut bet', dass 's Stöhln holt guit geh mecht.

San gaungan wia de Gottesknecht
noh d' heulichn Kirchnregeln.

Do toif drinn' in da
Herzenskaumma
bin ich a frommer Maunn,
der ah es Guitsein kaun.
,s is aussagschlogn wia mit ,n
Haumma.

Ich hob de Wölt gsegn ols a Neicha,
hob mih gegn Gsetza gweahrt.
Es hot mih olleweul scho gesteahrt,
dass d' Ormen orm und d' Reichen reicha.

In Jungen schrei ich noh schnöll zui:
Veränderts es de Wölt!
Des geht net nur mit ,n Göld.
Des is noh laung net gmui.

Schauts, dass neiche Gsetza keman,
dass d'Grichtsborkeit ah stimmt,
dass z' Unrecht neamt am Goling kimt,
dass d'Reichen nix vo d' Ormen nehman!

Mochts enk in d'Nosna holt an Knopf,
es Gscheitern, schreibts es auf,
wia d' Gschicht nimmt ihren Lauf.
Vateults gerecht, wos in dem Topf.

Nehmts es de Zukunft in de Haund.

De Oltn, de haum ollweul zurück gsteckt,
de Ältern san goar scho varreckt,
steckts net in Kopf in Saund!"

atzt spiatzt a aus a wengerl
Und zaht sih gaunz in d' Heh,
in d' Augn an Tränensee.
In Himmel wortn scho de
Engerl.

„Ich woaß, ich wird zu Unrecht ghenkt:"
Und wia eahm Ganslhaut aufrennt,
treiherzich er gaunz haserich bekennt:
„Es Göld hob ich den Ormen gschenkt."

Do glängt da Henka noh da Schlinga
Und legt s' um an Jörgl sein Hols.
„So, Bürscherl, des war olls."
Er stessst des Gstöll um mit drei Finga.

Die Prozession valiert sih bold,
de Neugier, de is gschwind vapufft,
de Menschnmassn bold vaduft'
in d' Gossn und in Wold.

Dem Urteilsspruch hat sih ergebn
Da Schinda und da Sünda
Und is wordn zan Vakünda.Er
wird in d'Menschen ewich lebn.
In Mörtersdorf is er dahoam
Und Gaunersdorf wird gneckt,

und zuigebn – in an jedn steckt
a Grasel – bis zur Moam.

„Du bist jo ah a so a Grasel",
is heit a gflüglts Wort,
des d' hörn kaunst ollaort:
An leichtn Diab moant des Gefasel.

Da Grasel olso is net gstorbn.
Er lebt in Gschichtln, Tanzln,
in Wirtshäusern und Gstanzln.
Er hot uns net vadoabn.

Und ollaort gibt's Graselhöhln,
zan Beispü in Dreioachan.
Und siuchst nau nch de aundern Zoachan,
hörst s' Graselgsangln gröhln.

Und d' Blosna blosn Graselmusi,
dass d'Gschichtn ewich bleibn.
Und waun's Zwoa in da Wiesn treibn,
hoaßt des „a Graselgspusi".

Und Graselgeiger fiedln Liadln
Und zoign durchs gaunze
Laudn,
gebn Graselgschicht bekaunnt
in Wean und in d' vier
Vierteln.
Da Grasel geht uns net valorn
–

Sei Leben soll uns vakündn
De Folgen vo de Sündn –
Is net umsunst geborn.

Räuberhauptmann Johann Georg Grasel (1790-
1818) ist noch heute in NÖ, Wien Böhmen und Mäh-
ren lebenidg.
Indem ich in dieser Volksballade Grasel am Ende als
Geläuterten und Verkünder darstelle, werde ich ei-
nem Volk wie dem unsseren gerecht, das Grasel als
Held, Märtyrer und Robin Hood sehen will.
(Zeichnungen: Wolfgang Rieder)

Goldene Hochzeit

Fufzig Johr laung san's jetzt schon ols Ehepoor
gaunz stolz und treu auf eahn're Posten.
Und wia sa sih ghert noch fufzig Johr,
sie lossen sih des schon wos kosten.

A Fest wird veronstolt in Saus und in Braus
Und Gäst' kumman z'Hauf gratuliern noh ins Haus.
A Goldene Hochzeit is gwiss wos Besonders:
A Vorbüld für d'Jugend, dazua noh wos aunders:

Man mecht' sih erinnern aun d'scheneren Zeiten.
Die aunder'n vergisst ma am Besten beizeiten.
Geschenke wern austeult, Gedichta aufgsogt
und d' Enkerln haum sih mit'n Geignspüln obplogt.

Do sitzen am Obend da Karli und d' Liesl
und tuan sih noh gamma und hätscheln a bissl.
Sie otmen tiaf durch, tan die Johr resümiern
und gebn sih a Busserl. Man braucht sih net ziern!

A Glaserl Veltliner zu eigenen Ehren:
Sie stessen jetzt aun mit die Auslese-Beeren.
Auf amol nimmt sie eahm sein Glasel weg
Und stöllts aufn Tisch gach aufs letzte Eck.

Sie holt gaunz weit aus mit sicherer Haund
und schmiert ihm a Feste. Allerhaund!
Der Karli, der hot jetzt natürlich an Schock.
Gaunz laungsam dafaungt er sih, richt sih den Rock.

120

Und frogt gauz verwundert: Wos host denn, du Norr?
Wieso schlogst mih denn jetzt noch so vüle Johr?
Wofür is die deftige Ohrfeign leicht g'staund'n
noch oll die Besuchstog mit uns're Verwaundt'n?

Für fufzig Johre gaunz schlechten Sex,
brüllt sie eahm aun, die olt Hex.
Do nimmt er ihr Glasl, stöllt's aufn Tisch:
Is Zeit jetzt, dass ih DIR Ane zisch!

Sie holt sih die Waungan! Au weh, au! Des laungt!
Für wos hob denn ih jetzt die Watschn dafaungt?
WEUL DU DEN UNTERSCHIED KENNST GAUNZ GWISS,
WOS GUATER SEX UND WOS SCHLECHTER IS!

Von Omega bis Betha –
Olles draht sih um den Ätna

Do steht er, der Ätna.
Und dass er so raucht,
des ist holt der Brauch.

Wia gehn mas denn aun,
dass ma recht vül von eahm ausnehman kaunn?
Die an, die wolln einischaun liaber ins Laund,
die aundern woll'n aunstarrn die Bergeswaund.

Der Otto wüll von West nach Ost,
sei Gattin sehgn, wia da Gipfel glost.
An aundern Vorschlag hot der Hannes
und olle sogn: Der Hannes kann es!

Do nimmt sih resch a Frau des Wort:
Ich muss es wissen! Ich war schon dort!
De andre sogt: Am allerschensten
seh ich den Ätna vo mein Fenster!

Ein Her und Hin, ein Hack und Hick,
der Ätna-Wein mischt ah scho mit.
Zum Schluss san olle irritiert,
der Reiseführer indigniert.

Und die Essenz von derer Gschicht':
Ih fircht, den Ätna sehgn ma nicht.

Couplet*

Waun ih a Vogerl wär -
ols Kind net gschlogn
wordn wär
Jo – des wär fair.
Weils oba nit so woar,
weils oba nit so woar -
is dös a Malheur.

Waun ich da Krösus wär,
mein Freund der Mam-
mon wär -
jo – des wär fair
Weils oba net kaun sein
weuls oba net kaun sein
is mei Kassa leer

Waun ih vaheirat wär,
an feschn Maun zuaghör,
Jo – des wär fair.
Weils oba nit so is,
Weils oba nit so is -
hob ich holt a G'scher

Waun ih daham holt wär,
wo ich kan Menschn stör
jo – des wär fair
Weils niemals nit kaunn
sein
weils niemals nit kaunn
sein
is mei Leben leer.

Dieses Couplet wurde von Elisabeth Schöffl-Pöll für das Erinnerungs- und Generationentheater Wien (Präsidentin Elfriede Ott) kreiert. (Aufführung mit den „Zeitgeistern" im dietheater Künstlerhaus und im Interkult-Theater Wien sowie anlässlich „Szene bunte Wähne" in Horn.

Warum bin ih ka Haundwerker?

Ih mechtert gern a Tischler sein
und Tisch und Sesseln hobeln fein!
Ih tatert gern a Schneider werdn
und schneidern für die noblen Herrn.

Und kunntert ih a Maurer sein!
Tät Häuser baun in Glied und Reihn.
A guada Schlosser mecht ih sein,
und Schlüssel, Schlösser wären dein.

Wia gern tät ich a Schuaster sein,
der 's Leder liabert obendrein!
A feiner Maler wär des Mein'.
Die Wand wär bald im Nu ganz rein.

A fescher Förster tat ih sein.
Ih tatert nia den Wold entweihn.
Ich gab wos, wär ich Weinbauer
Ich wär gewiss a ganz a Schlauer

A Rachfangkehrer mecht ih sein.
Flugs kräulert ih in Rauchfang 'nein.
Fürs Leb'n gern wär ih Kiwarer!
Als Wachter gäbs kan, der wos rarer.

Ich mechtert liaber olles sein, gell,
als wos ich jetzt bin. Meiner Seel!

Dirndl – Dirndl – Dirndl

In Niederösterreich, do sogt ma Dirndln,
wo's aunderschwo Kornellkirsch'n sog'n.
San rote Beer'n wia kloane Birndln.
Muass sih beim Owabrock'n plog'n!

Dirlitzen oder Krakebeern,
So hoaßen sie wo aunderscht a.
Mia tan uns net um d' Noman schern.
Uns gehts vül mehr ums Aroma.

Die Dirndln schmeckan allen Dirndln,
ob Brand, Marmladen und Gelee -
und in Kompotten. „Tal der Dirndln"
so hoasst im Pielachtal die Höh'".

Und „Wildobst-Zauberlaund" sih 's nennen,
weul gelber Flor im Frühling bliaht.
Man mecht' die Gegend kam mehr kennen,
wenn Osterpracht die Abhäng' ziert.

Und wer die Frühlingspracht versamt
Und von die Dirndln weitertramt,
der kaunn im Summer wieder kemman
an Schluck vom Drindlsaft daunn nehman.

Sechs Meter laung, a seltner Bam.
In dem Tol is ma gern daham!
Die Frucht passt gnau zwischen zwoa Finger
A Noschobst is 's, gaunz leicht zum Zwinger.

Schaunksteher-Gstanzln

Da Karli is weg schon, bevor er noh geht,
trinkt nur schnöll a Achterl, es is jo schon spät.
Haut d' Münzen auf d' Schaunk nur, sie draht sih im
Kras.
Man kunnt leicht gleih moana, er-hot mit'n
Schaunkstehn kan Spaß!

Da Franzi, der steht nur, hot-zum Hocka ka Zeit,
schaut allweul auf d' Armbanduhr: Ham is's noh
weit!
Bevor eahm sein Olte in de Zaunga bald nimmt,
leist' er sih a Ochterl, bevor sie daunn spinnt.

Da Sepp is koa Hocker, trinkt liaber im Steihn,
waunn er schnöll in die Schaunk stürmt auf a Ach-
terl Schankwein.
Trifft er-durt a poor Schaunkgäst', is' die Wölt ku-
gelrund, weul-daunn tan sa sih die neuesten Nach-
richten kund.

A „Geh-ma-aun-d'-Schaunk-Typ" is-da Hans,
mechts ma 's glaub'n.
Mit sein' dicken Börsel kaunn er-sich das erlaub'n.
Noch an deftigen Essen geht's ins Niemandslaund:
Net am Tisch, noh im Wirtshaus – bringt an besse-
ren Staund.

Da Toni sogt oft „Geh-so rauch man no Ane!
An der Schaunk trifft er Kumpeln - und ausschenkt

die Fanny.
Dabei is leicht möglich, dass er drüber vergisst,
dass am Tisch drinn' im Wirtshaus sein Famülie
sitzt.

An Selbstbrennten kaunnst net im Sitzen genießen,
du gehst automatisch zur Schaunk, wia ma wissen.
Da Magen verlangt noch ana org'n Völlerei!
An Schnops, der den Mog'n einricht', besser gleich
zwei.

Da Kurt hot vergessen, an Tisch zu bestöllen,
bis dass aner frei wird – aun d' Schaunk muaßt dih
stöllen!
A Schaunkwein, der passt net als Aperitiv.
Bouteillenwein und Winzersekt – besserer Griff.

Da Fritz is a Loser, er hört liaber zua.
Er plappert net ollweul, genießt gern die Ruah.
Da lernt man am meisten vo Wirtsleut' und Gäst',
wos morgen wird sein und wos heite scho g'west.

A Fluchtachterl muaß vor dem Aufbruch noh her.
A Minuten hot jeder noh Zeit, bitte sehr.
Und waunn sih der Aufbruch um Stunden voschiabt,
stresst ma aun und umarmt sih, weul-man
d' gaunze Wölt liabt.

Auf an Fuaß is schlecht stehn, trinkts a Achterl da-
zua,
weul guade Ding' drei san, a drittes in Ruah.

A Wogen hot vier Radeln, schenkts a viert's Achterl
ein und a fünftes: Des muass 'es Reserv'radl sein.

Ihr hobts nix gegen Sex? Schenkts a sechst's Glasel
ein
vom gelben Muskateller, dem goldenen Wein.
Is die Kuah hin, soll s' Kalbel a hin sein, o mein!
Geh, Wirt, stöll die Flaschen her! Geh, schenk' uns
ein!

Zu guater Letzt, in der Fruah, trinkst an Kaffee,
weul draußen wird jetzt schon bald d' Sunn
aufagehn.
Du kriagst schon an Hunger, siachst-in d' Kuchel
schen 'nein:
A Beuschel mit Knödel, des schmeckert jetzt fein.

Jetzt kumman die Jäger bei der Schaunktür herein,
es is eahna kolt, tan die Haundflächen reiben.
A Witz jogt den aundern, reserviern sih a Baunk.
Doh vorm Hinsetzen gemma noh schnöll aun die
Schaunk!

Daunn setzt sih da Peperl zu d' Jager dazua.
Er muass bold in d' Orbeit, es is jo schon Fruah.
Sein Olte daham is sei Schaunkstehn schon gwehnt:
Wenigst z'rreisst er kan Leichtuach net, zischt s'
durch die Zähnt.

Hot Ana Geburtstog, do geht's nochher rund,
und Floschen um Floschen werd'n gleert in da Rund.

Vom Schaunkstehn, do werdn jo die Maunna net miad,
weul ollweil a aundra a gscheite Red' führt.

Auf amol stesst a Bäu'rin die Tür krochert auf,
ihr Maunn muass schnöll hamgehn, sunst hot-er Hörndln auf.
Sie schimpft wia a Rohrspotz, richt-eahm vire die Wadeln:
Die Sau sitzt im Wirtshaus und daham kriagn ma Fadln (Ferkel)!!!

AU! AU! AU! Gesunde Orte, die weh tun

AllhAU!
AndAU!
AU!ssee
AltAU!ssee
AU!ersthal
AU!rolzmünster
AU!ffach
AU!mühl
AU!ßervillgraten
AschAU!
AU!sbatt
AU!scon
BezAU!
BirnbAU!m
BizAU
BlumAU! (in der Steiermark)
BlumAU! (bei Felixdorf)
BraunAU! (am Inn)
BraunAU! (am Inn-Rannshofen)
BreitenAU!
BurgAU!
EbenAU!
EhrenhAU!sen
ElixhAU!sen
EllmAU!
ErlAU!f
EschenAU!
FaistenAU!
FischAU!

FlachAU!
FlAU!rling
FrAU!enkirchen
FrAUental
GartenAU!
GaißAU!
GlAU!bendorf
GosAU!
LiebenAU!
GroßAU!
Groß SchönAU!
GrünAU!
HAU!gsdorf
HAU!s
HAUsbrunn
HAU!kirchen
HAU!sleiten
HAU!sbrunn
HAU!smannstätten
HAU!smening
HerrnbAU!mgarten
HieflAU!
HiftisAU!
HohenAU!
HohentAUern
HüttAU!
JudenAU!
KAU!mberg
KAU!tendorf
KAU!tzen
KlAU!s

KlAU!sen
KlAU!s-Weiler
KrakAUdorf
KrAU!bath
KrumAU!
LangAU! (bei Gaming
LangAU! (bei Geras)
LAU!nsdorf
LAU!ssa
LAU!terach
LitschAU!
LochAU!
LockenhAU!s
LustenAU!
LustenAU!-Rheindorf
Maria LuggAU!
Markt AllhAU!
MAU!erbach
MAU!erkirchen
MAU!er-Öhling
MAU!rach
MAU!tern (Steiermark)
MAU!tern (NÖ)
MAU!terndorf
MAU!thausen
MellAU!
MiklAU!zhof
MurAU!
NAU!ders
NiederAU!
Ob erAU!

OberdrAU!burg
ObertAU!ern
ObertrAU!n
OffenhAU!sen
OggAU!
PeggAU!
PinggAU!
SAU!erbrunn
SAU!tens
SchnepfAU!
SchönAU! (im Mühlkreis)
SchönAU! (in NÖ)
SchoppernAU!
SchwarzenAU! (am Steinfelde)
SchwarzenAU! (im Gebirge)
SeckAU!
SerfAU!s
SöchAU!
Stadl-PAU!r
SteinhAU!s (am Semmering)
SteinhAU!s (bei Wels)
StockerAU!
TAU!chen-SchAUeregg
TAU!fkirchen (an der Pram)
TAU!fkirchen (an der Trattnach)
TAU!plitz
PöllAU!
PulkAU!
RamsAU! (am Dachstein)
RamsAU! (bei Hainfeld)
RAU!ris

RegAU!
ReichenAU! (an der Rax)
ReichenAU! (im Mühlkreis)
RiedenAU!
RosenAU! (Schloss)
RosenAU! (am Sonntagberg)
St. PAU!l im Lavanttal
St. Peter in der AU!
ThalgAU!
ThAU!r
TraismAU!er
TrAU!n
TrAU!nkirchen
TrAU!nstein
TrAU!tenfels
TrAU!tmannsdorf (an der Leitha)
TrAU!tmannsdorf (i.d. Oststeiermark)
ThunAU!
TrumAU!
TurnAU!
UmhAU!sen
UntertAU!ern
VöslAU!
VorAU!
WaldhAU!sen
WildschönAU!
WolfAU!
ZeiselmAU!er

...

LungAU!
PinzgAU!

PongAU!
AttergAU!
TrAU!nkreis
HAU!sruck
DrAU!tal
SAU!sal
TAU!ern
SaggAU!tal
HAU!enstein
VogAU!
PaznAU!n
DonAU!
TrAU!n
WachAU!
StrudengAU!
NibelungengAU! RodAU!n LeopoldAU!
StadlAU! ErlAU!f MAU!er KAU!nertal

Ribisel oder Johannisbeere?

Ribisel oder Johannisbeer' –
Das ist hier die Frage.
Isst man s' rot oder isst man s' schwarz?
Isst man s' alle Tage?

Frenküzümi heißt s' auf Türkisch
Trüberli dort in der Schweiz.
Ich nenn' diese Beere tückisch:
Beere mit besonder'm Reiz.

Groseille nennen die Franzosen
Die stach'lige Beerenfrucht.
Flecken macht sie auf die Hosen
Dem, der zu pflücken sie sucht.

Sankt-Johann-Träublein heißt sie schwäbisch
Santihansbeere bay-e-risch.
Hanstraube nennt man sie auf Pfälzisch –
Und bringt das Gleiche auf den Tisch.

Bei Wissenschaftlern heißt sie Ribes.
Johannisbeer' wegen Johannistag (24. Juni).
Und – Ribiselgatsch ist gar nichts Liebes,
selbst wenn man Ribiselkuchen mag.

Aunklopfa im Himmelreich

Mei Muadda hot z' vül g'arbat
Da Vota is friah gstorbn.
Die G'schwister san vül ölta,
drum hob i sie valorn.

Recht fruah scho hob i g'heirat'
an wunderbaren Maunn.
Doh bold haum mir es g'nosert:
Die Arbeit faungt erscht aun!

Der Berg, der wird net klana
noch dreiavierzich Johrn.
Mia arbeit'n uns deppert,
so deppert wia de Norrn.

Die Kinder san scho drauß'n,
die Enkelkinder aa.
Jetzt schickan s' nur mehr Koartn.
Die Enkelkinder aa.

Bold kumt ma in a Olta,
do frogt ma in da Gham,
gaunz leis den Himmelvoter:
Waunn willst du uns denn haum?

Doch der mant: Geh, tuats weiter!
Wos tatert i mit Eich?
Bevors die Berg net o'trogts,
kummt's net ins Himmelreich!

Weinseligkeiten. Gstanzln

Exotische Viecher und söltsame Pflanzen,
die findtst bei de Köllan grod gmui.
Weul Schwomma und Off'n
werd'n in da Nocht hoambrocht
und bsoffane Weana dazui.

Waunns an Heurigen regnet
und Speckwürfeln schneibt,
daun bitt ma den Herrgott,
dass des Wetter so bleibt.

Im Kölla is 's finster als wia im Tunnöll,
do bussl ih d' schön' Mentscher,
bis 's wieder wird höll.

Fühl dih in Kölla wohl, trink ma a Mäul!
Nimm dir vom Brot an Teul, bleibn ma a Weul!
Kost'n jo olle gern, singan und plärrn,
waunn ma d'Leit doppelt sehgn, loch ma und rehrn

Da Kölla is a Bunker, do zoig ich mih z'ruck.
Durt is 's mag leih liawa ols unter da Bruck'.
Da Kölla is a Bunker, owa mia haum koan Kria(g),
drum mocht mir des Einigehn dafia koa Mia(h).

Da Kölla is a Bunker, is in Summer schen kühl,
is in Winter schen trucka, und Wein gibt's durt vül!
Ih geh do, du gehst durt, tan ma vaweuln!
Ih iss wos, du trinkst wos, kim, tan ma teuln!

Ih mog dih, du mogst mih, tan ma sih z'saumm!
Ih liab dih, du liabst mih, mechst mih net haum?

Geht a Weinviertler noch Grinzing,
zoigt a 'n Steireraunzug aun,
faungt daunn kartnarisch singen
mit Burgenländern aun.

Nimm aus Wien den liabn Augustin

Nimm aus Wien den liabn Augustin,
den Heurign, die Lippizaner, die Operetten,
die klane Nachtmusik und den Herrn Korl aussa –
du kaunnst natürlich ah olle Gortenzwerg
aus de Schrebergartln aussischmeissn -
ober bei Ollem vorausgsetzt,
dass d' a laungweulichs Leben führn mechst.

„Hätt" und „war" nutzt ma nix.
"Iatzt" und "do" - dös is fix!

Wia sih zwoa öltere Mundort-Dichterinnen begriaßn

„Griaß dih God! Wia geht's da denn, oilts Haus?"
„Nau, so wia ih holt ausschau. Oder schaut ma vallei schon da Krebs aus de Augn aussa?"
„Geh, du Tschopperl! Bist leicht schwaunga?"
„Daweul net, owa vallei wird's noh."
„Olsdann, so gemmas aun.
So kräuln ma holt auffi mit unsere Biachln bis ins Turmstüberl im Dichterschloß…"
„…mit unsere wechn, hinichn Kraxna… (=Rücken).

Da Gaunersdorfer wüll net zohln

Da Gaunersdorfer wüll net zohln.
Des gift' den Ernst und d' Lini.
„Dös loss ma uns auf koan Foll gfolln –
Ich bin aufs Göld scho wini",

moant d' Lini – und sie heckt an Plan:
„Woast wos", sogt sie zan Ernstl,
„wos mia zwoa nochher anstölln tuan,
dass mia kriagn unser Gerstl?

Da Gaunersdorfer is a Wirt –
und oana vo de besten.
Wos warat denn, waunn mir zu Viert
auf seine Kosten ess(ar)ten?

Am Sunntag mochan sie sih z' recht
und suichan 's Wirtshaus daunn.
A herrlich's Schloss! Is des gerecht?
Fost frisst da Neid sie z'saumm.

A Haufa Gäst hot scho a Gaudi,
Sie kriagn kam noh an Plotz.
So druckan sie sih holt wo zuwi
wia d' Katzerln zu da Kotz.

Des wird a Hetz: Dem samig'n Wirt,
dem werd'n mir 's aussasaugn.
Mia essen, trinken fest zu Viert.
Dös Scherzerl tuit ma taugn.

Sie b'stölln und b'stölln fest noh da Reih
bis dass die Tisch sih boign.
Zum Fräulein sogns: Wir sind so frei
und lossn Sekt herstölln

„Wo ist da Gaunersdorfer-Wirt?",
frogns neugierig die Gäst'.
„Wo wird er sein? In Wirtshaus holt.
Der hot jo sölbst a Fest".

„Nau, in sein Wirtshaus sitz ma jo.
Zweg'n dem der Haufen Gäst!
Daunn is sein Fest jo heute do.
Mia feiern mit des Fest?!"

„Na, na, des is da Pforrhof hier.
Do ist heut Kirchweihfest.
Und wenn Sie essen, trinken Bier,
ghört dem Pfarrherrn daunn der Rest."

Do is die Lini gaunz perplex:
Waunn ih am End DES blech?
Do kimmt schon d' Rechnung: Hundertsechs!
Mit Muiss zohlns iatzt die Zech.

Do schaun de Vier betropezt drein.
Betrogn - a zweites Mol???
Auf d' Letzt zoigns holt die Schwoaf
fest ein -
fohrn zruck in' eig'nen Stoll.

A Herz für a sauberes Niederösterreich*

Weul i a Herz für a saubers Laund hob,
weuls d' des Umweltproblem in da Haund host -
liab ih dih

Weulsd aufs Energiesporn urndlih drängst,
weulsd aun da Mülltrennung so hängst -
mog ih dih

Weuls an eigenen Verbaund gor gibt,
weul a gsundes Laund a jeder liabt.
Weuls kan Misthaufn mehr gibt,
Weul da Wettbewerb beliebt -
liab ih dih

Ob ma Stadtmäus oder Laundmäus,
ob ma anfoch oder hochweis -
liab ma dih

Weul die Lebensqualität so guat,
Managment net nua a Wurt -
mögn ma dih

Weul die Gärten grün, die Parks gepflegt.
Weul die Trappen und die Kauzerln ghegt.
Weul die saubern Bacherln rinnen,
wo die Fischerln munter schwimmen -
liab ma dih.
*Wettbewerbs-Liedtext nach der Melodie Reinhard
Fendrich „Weulsd a Herz host wia a Bergwerk".*

Dörfliche Rache

I hobs sott
I mog nimmer
I bins load
I pfeif drauf
I schlog eahm a Schnippchen
I trotz eahm
Er soll mi am Obend besuchn
I zoag eahm den Ruckn
I hob bis aufi gmua
I bin aungfressn
I hau eahm oane in die Fressn
I hau eahm owi
Er soll mi gern haum
Er soll mi am A….. lecken

*Warum jede zweite Messerstecherei
in da Famülie passiert?
Weul ma do des Werkzeig
griffbereit hot.*

Liebesgedicht

I hob di gern
I liab di
I bin wia a Kirzn
zu dir entbronnt
Monchmol loss i a Stichflomma
zan Himmel steign
Daunn wieda schick i
a Feuerwerk in d'Wolken
weul i di so liab!

I brauch di
I mecht di
I wüll zu dir eini
I wüll in di eini
I wüll di fressn
(owa do hauma olle zwa nix davon)
I glaub
in dem Gedicht
san a wengerl zu vü I drinn

Dem Verliabten erscheint
die Umwölt gläsern

Heulsamer Kuraufentholt

Die Putzfrau schickt Schmimpfkanonaden hinter mir
her, weul i ihr beim Staubsasugn vom roten Teppich im
royalen Hotöl aufs Kabel steig.
Da Bodeaufseher beschmipft mi, weul i den folschen
Eingang durch die Kabine nimm.
Die Heulmasseuse zagt ma ihrn Ruckn und
stroft min et amol mit ihre Blicke,
weul da Aufentholt a Sonderaungebot wor.
Owa sie schreit mi ungeduldich aun, weul i min et
entsponnen kaunn.
In der kolten Kabine klatscht sie mir a eiskoltes Öl aufn
Buckel und entlosst mi, ohne mi aunzuschaun.
Des is jo wirklich zum Heulen!

Döllersheimer Ländchen,
heute Truppenübungsplatz

Meine Eltern san ausgsiedelt wordn.
Ich hob dadurch Depressionen kriagt.
Die hob i aun die Kinder weitergebn.
Und di haums wieder an ihre Kinder weitergeben.
Wia si des auf denan eahnare Kinder auswirkt,
wird ma erscht sehgn.

Die Himmelvater-Leiter

Auf der Himmelvater-Later
Steigt hinauf der Urgroßvater.

Auf die Himmelvater-Later
Steigt hernoch da Vatervater.

Der Vater wird zum „Großen Vater".
Jetzt steht er auf der Himmel-Later.

Waunn er oben is, daunn wort er,
bis i steig auf d' Himmel-Later.

Mund-Art
ist die Kunst, den Leuten nach dem Mund zu reden.

Mit'n Einbrechn verholt sa si so wia mit aner Allergie.
Du muasst di dem Gaunz'n stölln, weul verhindern
kaunnst es eh net.

Waunn Aner vo de Zwa spinnt,
daunn wass ma erscht, wos „Treue" bedeut'.

Waunnst a Porzellan-Service für Zwölfe kaufst,
host bold a Service für Sechse beianaund.

Die Blitz' san a nimmer,
wos s' amol woar'n.

Warum so vüle Lehrer Burgermaster san?
No, goanz einfoch: Weil's schreiben kennan.

Waunn der Unterausschuss vom Innenausschuss togt,
is des fia mih a verbaler Schuss.

Wo d' Liab hinfollt, haßt's. Nur so is es zu erklär'n,
dass monche Leit Dackeln haum.

Ah im Olter gibt's noh guate Aussichten.
Und sei's nur auf an gratis Behindertenparkplotz.

Da guade olde Sekretär als Möbel is ausg'storb'n.
Jetzt denkt ma beim Wort Sekretär nur no an a Viech mit
longe Haxen.

Nur, weil Aner vü Göld hot,
derf er si net olles leisten!

Ih hob ma docht, Fucking-Bier is stott Viagra zum
Nehma,
dabei is Fucking a Ortschoft.

Komisch: Jemaund'n trickern und jemaunden woschen
bedeut' in da Gewoltsproch des sölbe.

Mit'n Sex und mit der Kunst verholt sa sih gaunz gleich:
In der Jugend mocht man's, im Alter redt ma davon'.

Weuls de Kirtoge am Laund nimmer gibt, raufn
die Burschen jetzt bei die Begräbnisse.

Menschen und Tauben gleichen sih beim Onblick von
logischen Büldern.
Aber beim Abstrakten tuan sih sowohl Menschen wia ah
Tauben schwer.

Waunn man noh laung Sendungen mit'n Richard Lugner
ausstrohlt,
wird's bald stott herumlungern„herumlugnern" haß'n.

In Wien gibt's mehr Prostituierte als Kirchen.
Daher san die Freudenhäuser seltener leer.

Do werden' sih die Lieserln ober net gfreu'n, waunn des
Polizeigefäingnis auf der Wiener Rossauer Lände
"Liesl" haßt.

Dass die Schwulen jetzt heiraten dürfen, is guat. Auf-
horchen tuat ma
erst daunn, waunns um den Preis fia an neuen Kinder-
wagen frogen.

Es is net gnua, dass man mit der oder dem Seinigen
Ross stöhlen kaunn.
Vielmehr muass die Eisenbahn drüber fohrn kenna.

Die Gottesanbeterin verschlingt noch da Paarung des
Weibchen.
Is es in da menschlichen Natur aunders?

Mit den Emanzen verholt es sich so wia mit die auf-
g'scheuchten Hendln.
Sie wissen net, wo's hin sollen.

Ka Wunder, waunn die Leit WeiArt sog'n stott Wein-
Gorten.
Es is jo wirklich a Kunst, an guadn Wein herzustöllen.

Vastehst du des?
Hot a so a liabe Maus daham - und legt si a Kotz zua.

Wos die Fuassboller, die Weinbauern und die Jaga gemeinsam hab'n?
A Sproch, de wos a Draußdana net versteht.

A guada Oltbundeskaunzler stirbt
im Wahlkampf.

Waunn ich ma denk, wos des Gemüse beim Zuabereiten
für a Mühe mocht,
solltat's eigentlich Gemühse haßen.

Weiwer sollten eigentlich weiß aunzogn sein
wia aundere Hausholtsgeräte aa, hot da Ane gmant.

Wos ma in da Schul lernt, is net fia d' Schul und net fias
Leben,
sondern für d' Kotz. Ober der Sotz is net vom Seneca.

Die Maunner fohrn am Vormittag ins Obfallzentrum
Die Weiwer gehn am Nochmittag auf'n Friedhof.
Des is des Leben am Laund.

Wia lang host offen?
Bis Mitternocht plus Mehrwertsteuer, sogt da Heurigenwirt.

Die g'schissenen Tauben gehn ma am Orsch, sogt die Ane.
Des stöll i mir plastisch vor, drauf da Ondere.

Da Ausdruck „Trottel" muass net unbedingt a Beleidung sein.
Monch aner, der so betitelt wird, fühlt sich möglicher Weise endlich erkaunnt!

Jeder dritte Maunn geht zu aner Prostituierten.
Jede Ehefrau glaubt, sie ist mit an Zweiten verheirat'.

Jede zehnte Frau is' lesbisch.
Woher waß man des eigentlich?

Warum die Wiener so a Nahverhältnis zum Tod haben?
No, gaunz einfoch: Weil sie sih daunn a größere Wohnung erhoffen.

Des Stewardessen-Syndrom sollten sih Frauen und Lehrer zu Herzen nehmen: Z'erscht sich sölber mit Sauerstoff versorgen, daunn erscht die Anderen.

Mit'n Fohrkortenkontrollor verholt sa sih so wia it'n Sterben.
Ma waß weder Tog noh Stund'.
Zur Weihnocht gibt auf'n Wein ocht!
Sunst weinst du zur Weihnocht.

Waunnst den Fernseher aufdrahst, siachst entweder No-
ckerte oder den Hitler.

So a Kurorzt muass an Mogn haum:
So vül olte Weiber auf an Fleck!

Holbe-Holbe hot sih auf'm Laund längst durchgsetzt:
Sie koch an Kuchen für'n Pforrkaffee.
Er fohrt iwa d'Grenz ins Puff.

Sprichwörter und Redensarten in der Mundart

Er hot die Guri ghobt.
Er hat die Courage gehabt

Geht`s auf die Friedhöf! Wia die Leit die Gräber
pflegen, so san eahnare Charakter!
Johann Patzelt LBA 1904-08 Schulbrüder Strebers-
dorf, zu seinen Lehrerkollegen

A schwäbische Tomatensuppen
Roter Teller mit lauwarmem Wasser

Stiefel und Bart ghern aussi
Die Männer gehören aus der Stube hinaus

Ich brauch La-Tui-Zizeln
Frau beim Kaufmann, wenn sie Laubtuch-Bänder
verlangte

Der Suppenbrunzer in der Stube
ist aus dem Mostviertel bekannt.
Im Herrgottswinkel hing eine Taube. War die Suppe
dampfend, tropfte es herab. Suppenbrunzer nannte
man auch einen sonderbaren weibischen Mann.

Lagerstraßenmentalität
Zusammenhalt/Solidarität nach folgender Geschich-
te:
Zwei Brüder mussten im KZ auf der Lagerstraße
den Inhalt des Plumps-Clos ausfahren. Dabei hörten

sie die Parteien miteinander streiten. Da mischte
man sich ein:
Es ist ratsam, bei ungeliebter Arbeit zusammen zu
halten!

I woaß scho, i woaß scho, da Traunstaan is blind,
sonst hätt die schlofend' Griechin schon längst a
kloans Kind. *Gstanzl.*
aus dem Salzkammergut - über die gleich lauten-
den Berge.

Morgen gehen wir Schlittenfahren, morgen um halb
neune spann ich meinen Schimmel ein, fahre ganz
alleine. Ganz alleine fahr ich nicht, da nehm ich
meine Gretel mit.
Auszählreim

Dö red't um an Kreiza a Butt'n voll.
Sie redet viel, auch ohne gute Bezahlung

Dö Olte red't a Gabel grad.
Gekrümmte Gabel wird durch heißen Atem wieder
gerade

Ih woaß net, wo ma da Schädl steht!
Ich habe zu viel im Kopf!

Du muisst ma Zigarett'n holn! Weil du bist jünger
als ich.
Scherzhaft, um das eigene Alter zu betonen.

*Kuriosum: Wenn sich die Schweine ineinander ver-
bissen, leerte man ihnen im Weinviertel Wein ins
Futter.
Der Effekt: Die Agressiven wurden müde, die mü-
den lebendiger.*

Olle Orbeiten, wo da Orsch es Höchste is, san
Orsch.
*Bei diesen Arbeiten muss man sich bücken und wird
müde.*

In an urndlichn Haushalt hot olles sein Plotz,
sogt die Bäuerin - und zoigt de Schlapfen aus dem
Mehlladl.
*Scherzspruch, gehört von Rosemarie Bauer, Volks-
anwältin*

Waunn obn wer wos suicht, klaub ih's unten
zsamm. *Dünne Wände zum oberen Nachbarn*

Der is ärger ols a Pockung Valium.
Langweiler

Liaber an Freind verlieren ois a Wuchtl schluckn!
*Wuchtl = derber, beleidigender, deftiger, witziger
Spruch von Gerhard Bronner in der Eden-Bar*

Schön laungsom fohrn! Die Rösser san teuer!
Scherzspruch. Auch auf Autofahren angewandt

Waun die Hohna kinntatn, gogatzatzns.

Zungenbrecher. Wenn die Hähne könnten, würden sie gackern

Dem haumma an Bären aufbunden.
Jemanden verbal beschwindeln, ihn anlügen.
Hintergrund: Wenn Jäger Zechschulden hatten,
banden sie als Pfand einen Bären an die Theke.

Zieh dich warm an!
Mach dich auf eine Rauferei mit mir gefasst!

Wos denn da draußen so pumpert? Dös is ös Christ-
kindl mit sein Glumpert. *Reimspruch.*
Glumpert nannte man das Gerümpel, aber auch
Leute, die in Lumpen gehüllt waren.

Den Jungbauer interessiert *zum Leidwesen des Alt-
bauern* oft nicht die Mitgift, z.B. die Äcker, sondern
nur das Spitzackerl. *Schamgegend der Frau ver-
gleicht man mit einem Ackerspitz.*

Der ist hin in der Marille. Der ist hin in der Birn.
Der ist krank im Hirn

Der gibt den Löffel ab.
Früher aßen Bauersleute mit Holzlöffeln, die nach
*der Mahlzeit im Vürtuch geputzt und in die Tisch-
vorrichtungen gesteckt wurden. Beim Sterben gab*
der Bauer den Löffel an seinen Sohn ab.

Des Göld is ma net Feind. *Sparsamkeit!*

Da es mein Freund ist, will ich mich nicht davon trennen.

Zu Tod' gefürcht' is ah gstorbn.
Vorauseilend gefürchtet bringt einen mit der Zeit um.

Der hot zu nah am Wasser baut.
Er ist ein weinerlicher, angerührter Mensch

Sieg oder Akne!
Siegen oder Hautausschlag. Zwei Extreme Aus der Jugendsprache

Abbrockt ist schnöll, anstückeln geht net.
Z. B. Blumen sind rasch abgerissen, aufsetzen kann man die Köpfe nimmer. Vor dem Handeln denken!

An Fried, an Reim, An Gsund!
Mit diesem alten Perchtenspruch wünschen die Perchten Glück und Segen für das ganze Jahr

A Fäule-Sau-Gulasch *bezeichnet man eine nicht selbst gekochtes oder geschenktes Gericht. Dafür musste die (faule) Hausfrau nicht kochen.*

Amol da Gigl, amol der Gogl. *Trostspruch. Einmal trifft es den, dann wieder den anderen*

Zwischen Handwerkskunst und Maschinenzeit liegt des Wagners Fleiß und Leid. *Zunftspruch*

Oben spitz und unten breit
ist die heiligste Dreifaltigkeit = *Dreieck. Scherzhaft*

„Brot für die Armen" *nannte man Lesestoff*
über die Aristokratie. Er lieferte Stoff für Träume.

Der kaun man koa X für a U vormachen!
Er kann mich nicht beschwindeln.

Pech ghabt! *Konklave.*
Bei Papstwahl - Pech ins Feuer!

Wos schlogst denn fia an Lebersto(g)?
Aus dem Mühlviertel. A Wetter, an Larma (Lärm)
mocha, übertriebene Lebensfreude ausdrücken.

Mia san jo net aus Zucker!
Wir sind hart im Nehmen,, zerfließen nicht gleich.

Do is's mit'n Trinka spartni , *z.B. beim Autofahren.*
spartni - aus dem Tschechischen = nichts, wenig

Der ist ein weißer Jahrgang
Einer, der nicht zum Heer einrücken musste (1937)

Gemma Leich schauen! Gemma Stückl passen!
Österreichisches Phänomen. Man schätzte Begräb-
nisse und Hochzeiten gleichermaßen, bei Hochzei-
ten konnte man auf Stücke vom Guglhupf „passen
= warten, sie ergattern"

Ein Küsschen in Ehren kann niemand verwehren.
Charmante Anmache an das weibliche Geschlecht.

Iatzt hots eahm d' Red' vaschlogn!
Er hat keine Stimme mehr vor lauter Überraschun.g

Schau, wia der Buckl-Viere geht!
Nach vorne Gebückter

Er hot schnöll gschalt'! *Bild von den Maschinen und vom Autofahren für Geistesgegenwart*

Jemanden anschießen
Jemandem mit Worten Gewalt antun

Der steht wia a Kuah vor dem neichen Tor.
Angelehnt an die Straßenbahnstation Kuh in Berlin
.
Wehwehchen san die Steuer ans Alter;
Es ist der letzte Zipfel vom Gipfel;
Der hätt eh koa Mülli (Milch) mehr gebn, wär nimmer gwoxn;
Über das Alter gesagt oder wenn einer alt stirbt

Ich hob die Graselwirtin aunprobiert.
Gehört im Pulkautal.
Ich habe das Gasthaus „Zur Graselwirtin" getestet

Der hot des Radl neu erfunden
Über Einen, der „siebengescheit" ist

Sie blost Eahm den Marsch.
Frau hat die Überhand

Sei mit alle guit, sei mit neamd recht guit.
Mit allen gut, mit niemandem recht gut möge man
sein. Ratschlag aus dem Anfang des 20. Jahrhun-
derts aus dem Waldviertel..

Hast deine Frau net mit?
Glaubst, vom ewig'n Mitzahn werd'n die Weiber ra-
rer?
Dialog im Gasthaus, gehört in Poysdorf

Do is ma 's G'impfte aufgaungen.
Da ist mir die Wunde von der Impfnarbe
aufgebrochen vor lauter Wut

Do legst dih nieder!
Aussprüche der Verwunderung

Er glaubt, er kriagt de goldene Fissler-Pfonn' verlie-
hen.
...wenn er die Frauen anbrät.

Auf mein' G'sicht gibt's keinen Pachtvertrag
...daher kann ich eine Miene machen, wie es mir
gefällt.

Die zoigt sih aun, wia's aus'n Kostn aussafollt. *Sie*
ist beim Anziehen ihrer Kleidung nicht wählerisch

Die Tanten fragen das schwangere Mädchen: Du heiratest doch hoffentlich nicht in Weiß? Ich heirate in Eierschalenfarbe, sagt die Schwangere. Als sie im weißen Kleid erscheint, sagt sie zu den Verblüfften: Habt Ihr noch nie weiße Eier gesehen?
Schwangere waren sichtbar nicht mehr „unschuldig" und durften daher nicht das Weiß der Unschuld tragen.

Mia haben jo a guits Bluit! Bis zum Heiraten wird's scho guit.
Tröstliche Aussprühe, wenn sich das eigene oder ein fremdes Kind die Knie aufgeschunden hatte

Wenn's sein wüll, geht a Butten los. *Wundergläubigkeit. Wenn es so sein will, explodiert eine Wein-Butte aus Holz.*

A bisserl mehr geht immer!
So drängte man dem Besucher ein weiteres Achtel Wein oder ein weiteres Stück Kuchen auf.

Dös gibt's net. Olles gibt's, weil's an Gips a gibt.
Scherzdialog

In der dritten Generation hört sih die Freindschaft auf.
Hier ist die Verwandtschaft gemeint, die in der dritten Generation endet, d.h. z.B., die dritte Generation wird nicht mehr zum Begräbnis geladen.

Bey Hof, bey Höll.
Mittelalterlicher Spruch der gelangweilten Gesell-
schaft an der höflichen Tafel

Wo Tauben san, floign Tauben zui.
Der Reiche wird mitunter reicher,
der Arme ärmer

Im Winter die Gfriah, im Frühjahr die Bliah
Im Sommer de Dürr, im Herbst koa Gschirr
weil zuviel Fechsung eingebracht.

Gsoffa wird, wos feucht ist und rauschig mocht;
Liaber Rotwein ois tot sein:
Aber Scheissen! Trink ma an Weissen!
Derber Volksmund

Da Voda hot a koan kloan Deppn aufzogn -
dafür aber einen großen!

Den schick' ma durt hin, wo da
Bartel den Most herholt. *Also sehr weit weg...*

Hinten sind die Enten fett.
Polnischer Spruch

Schafskälte
nennt man die Kälte um den 18. Juli, eine Zeit, in
der die Schafe üblicher Weise geschoren werden

Dös is koa Batzel net. *große Menge, ein Batzen*

Wer laung suppt, lebt laung.
Wer lange Suppe essen kann, lebt lange

Heut geh ma Ebenaus– oba schief *(rauschig)* hoam-
zui. *Lois Schiferl*

Dein Leben ist bei Raserei –
zerbrechlich wie ein Osterei.
Verkehrs-Slogan aus dem Jahr 1969

Pünktlichkeit ist eine Viertelstunde vor der Zeit.
Militärspruch für Soldaten

Loss Neider neiden, Hasser hassen.
Wos Gott dir gunnt, muss man dir lassen. *Truhen-
deckel-Spruch*

Dö hob ich net schmecka kinna.
Diese Person konnte ich nicht riechen.

Der Begriff **Dialekt** wurde von Philipp von Zesen durch den Ausdruck **Mundart** eingedeutscht. Von Zesen lebte von 1619 bis 1689 und wurde bekannt durch Verdeutschungen zahlreicher Fremdwörter. Einige Beispiele, die sich durchgesetzt haben: Abstand für Distanz, Beistrich für Komma, Farbgebung für Kolorit, Rechtschreibung für Orthographie, Verfasser für Autor, Weltall für Universum und eben Mundart für Dialekt. Andere verdeutschungen haben sich nicht durchgesetzt, wie Krautbeschreiber für Botaniker, Dörrleiche für Mumie, Lotterbett für Sofa, Entgliederer für Anatom oder Scheidekunst für Chemie.

Im Wesentlichen sind Dialekt und Mundart Synonyme. Hingegen werden sie von einigen unterschieden. Sie charakterisieren vor allem Lebensweise und Bevölkerung der jeweiligen Region.

Unterschied zwischen Dialekt und Mundart

Die spezifischen Eigenheiten eines Dialektes können schriftlich aufgezeichnet werden. Ein typisches Beispiel: „I hoab no nia koan Rausch ned g'habt." Unkundige können solche Aufzeichnungen je nach Kenntnis der Hochsprache korrekt lesen und zumeist den Sinn beim Lesen verstehen. Mundart dagegen ist die Art, Wörter auszusprechen, und zwar unabhängig von der Schreibweise. Die Mundart eines Sprechers kann sich somit auch beim Vorlesen eines in Hochsprache verfassten Textes zeigen. Rousseau hat als einer der Ersten die Sprache des "einfachen Mannes" gewürdigt. Im Sturm und Drang wurde Dialekt idealisiert, er stand für reines und unverfälschtes Denken. Mundart ist aber oft mehr als Sprache, sie transportiert regionales Lebensgefühl.

Dialekt ist Muttersprache

Der Dialekt ist eigentlich ganz natürlich, denn jeder hat ihn, trotzdem ist er der Feind aller professionellen Sprecher.
Die Mundart wird auch in der Literatur häufig verwendet – man spricht beispielsweise im Bayerischen von der Mundart- oder Dialektdichtung. Sie ist ein typisches Kennzeichen für eine Region und spiegelt die Lebenshaltung und Lebensweise der Bewohner wider. Besonderes Kennzeichen für einen Dialekt ist, dass die Ausspracheform vom Standard, nämlich vom eigentlichen Hochdeutsch, abweicht. Der Dialekt steht also in einer Art Kontrast zur Standard- oder Hochsprache.
In Österreich stellen für den Großteil der Bevölkerung nach wie vor Dialekte bzw. dem Dialekt nahe Sprachformen die eigentliche „Muttersprache" bzw. die frequentesten Sprachvarietäten dar. Sie bewahren auf diese Weise traditionelle Einstellungen und Denkweisen, reflektieren jedoch gleichzeitig stets auch den kontinuierlich fortschreitenden gesellschaftlichen Wandel.

Bücher aus unserer„Edition Dichtermühle"

Elisabeth Schöffl-Pöll:
Räuberhauptmann Grasel/Volksballade/Mundart/€ 12
Ein Kind vom Manhartsberg/Erzählungen/€ 15
allESPalette/Weinviertler Lesebuch + CD/€ 25
Von Töchtern, Müttern und Großmüttern/€ 14
*Seit Wilhelm Szabo sind die Freiheit im Dorf und die Dorf
angst nicht mehr so eindringlich ins Bild gefasst worden.
Paul Wimmer zu Klatschmohn rot rot rot/NÖ Kulturberichte.*

Otto J. Schöffl:
Mühlen im Wandel/€ 28
Weinseligkeiten (Weinsprüche)/€ 10
Geld regiert die Welt (Geldsprüche)/€ 10
Liebesleitfaden(Sprüche zu Partnerschaft)/€ 10
Reisen ist Leben wie Leben Reisen ist /€ 10
Schule im Wandel/€ 10
*Der Hollabrunner „Mühlenprofessor" hat sich auf Spurensu-
che begeben und unter der Headline„Mühlen im Wandel"
schon eine reich bebilderte Trilogie über die einst so roman-
tisch klappernden Mühlen an den Bächen im Weinviertel ver-
fasst. Gunter Hirschkorn*

Bücher erhältlich:
EDITION DICHTERMÜHLE
Waldweg 37, A 2020 Hollabrunn,
Tel/Fax 02952/30024
schoeffl.dichtermuehle@aon.at